Josef Wohlgemuth

Henry Homes Ästhetik

Und ihr Einfluss auf deutsche Ästhetiker

Josef Wohlgemuth

Henry Homes Ästhetik
Und ihr Einfluss auf deutsche Ästhetiker

ISBN/EAN: 9783744604918

Hergestellt in Europa, USA, Kanada, Australien, Japan

Cover: Foto ©Thomas Meinert / pixelio.de

Weitere Bücher finden Sie auf **www.hansebooks.com**

Henry Homes

Ästhetik

und ihr Einfluss auf deutsche Ästhetiker.

INAUGURAL-DISSERTATION

ZUR

ERLANGUNG DER DOCTORWÜRDE

DER

HOHEN PHILOSOPHISCHEN FAKULTÄT

DER LANDES-UNIVERSITÄT ROSTOCK

VORGELEGT

VON

Josef Wohlgemuth.

BERLIN 1893.

Gedruckt bei V. Röwer, N. Elsasser Strasse 5.

Meinen teuren Eltern

in

kindlicher Liebe und Dankbarkeit

gewidmet.

Inhaltsverzeichnis.

	Seite
Einleitung	5
Der allgemeine Standpunkt	17
Die ästhetischen Grundbegriffe	51
Die Kunstlehre	65

Einleitung.

Die Ästhetik als philosophische Disciplin, insofern sie darauf ausgeht, das gesamte Gebiet des Schönen aus einem einzigen Gesichtspunkt zu begreifen, ist eine specifisch deutsche Wissenschaft. Wenn man Baumgarten den Vater der Ästhetik nennt, so pflegt man ihm meist nur das als Verdienst anzurechnen, dass er die ästhetischen Betrachtungen zu einer selbständigen Disciplin zusammengefasst und dieser unter einem besonderen Namen eine Stelle im Leibnitz-Wolff'schen System angewiesen.*) Allein seine grosse Bedeutung besteht darin, dass er der erste ist, welcher in seinem „Vollkommenen der sinnlichen Erkenntnis" für das Schöne eine Definition fand, welche auf das Gesamtgebiet des Schönen seine Anwendung fand. Und wenn er auch selbst von der Allgemeinheit seines Satzes nur geringen Gebrauch macht, indem er sich auf die Schönheit der Gedanken beschränkt,**) so war doch schon für seine nächsten Nachfolger, besonders für Mendelssohn „die sinnliche Vorstellung einer Vollkommenheit" eine Definition, die sich für alle möglichen ästhetischen Objekte, für das Schöne und Erhabene in Natur und Kunst fruchtbar erwies. Von der Richtigkeit der Theorie ganz abgesehen, war es von der grössten Bedeutung, dass ein gemeinsames Kennzeichen gefunden war, welches, die Gesamtheit alles Schönen

---

*) vgl. Lotze Geschichte der Ästhetik in Deutschl. S. 4.
**) wie ihm das schon Mendelssohn (Ges. Schr. IV, S. 316) zum Vorwurf macht.

zusammenfassend, es von den Objekten des reinen Denkens einerseits und denen der dunklen Empfindung andererseits unterschied.*) Seitdem stand für die deutsche Ästhetik die Frage nach dem gemeinsamen Kennzeichen im Mittelpunkt des Interesses; die richtige Formel für dasselbe zu finden, erscheint als Hauptziel. Mit ihm ist der allgemeine Standpunkt gegeben, von dem aus die ästhetischen Grundbegriffe erläutert und die entsprechenden Kunsttheorien aufgestellt werden.

Anders steht es um die Anfänge und die reiferen Produkte der ausserdeutschen Ästhetik. Überall ästhetische Untersuchungen, aber keine Philosophie des Schönen. Batteux geht allerdings darauf aus, ein oberstes Princip aufzustellen. Naturnachahmung ist Aufgabe des Künstlers und zwar Nachahmung der schönen Natur. Aber auf die letzte und entscheidende Frage, worin nun die schöne Natur bestehe, erhalten wir keine zureichende Antwort. Alle seine Bestimmungen hierüber bewegen sich in einem Zirkel.**) Diderot kämpft mit grossem Erfolg für Naturwahrheit. Alles, was schön sein will, muss natürlich sein. Aber über das, was nun zum Natürlichen hinzukommen muss, um es aus der Masse des Natürlichen herauszuheben und es zum Schönen zu machen, darüber soll das Gefühl entscheiden.***) In Shaftesburys Werken ist das Schöne vielleicht das zweite Wort; Ausgangspunkt und Ziel seiner Sittenlehre ist das Streben nach dem Schönen. Aber so fruchtbar Shaftesburys ästhetische Anschauungen für sein Moralsystem sein mögen, so verwirrend und schädlich erweist sich die fortwährende Identificierung des Schönen mit dem Guten für die Philosophie des Schönen. Für die objektive Seite der Schönheit zeigt sich das Kriterium der „Einheit in der Mannigfaltigkeit" unfruchtbar, weil es in

---

*) Baumgartens Bedeutung nach dieser Richtung hin ist nur hervorgehoben von Schasler Kritische Geschichte der Ästhetik, S. 351.
**) Zimmermann, Gesch. d. Ästhetik, S. 207 ff.
***) ibd. S. 214 f.

gleicher Weise für das Wahre und Gute gilt, und für die subjektive Seite werden wir an einen Schönheitssinn gewiesen, der durch seine parallele Stellung mit dem moralischen Sinn die Möglichkeit einer sauberen Scheidung der ästhetischen Empfindung von den anderen Ergebnissen der Seelenthätigkeit ausschliesst. Und Hutchesons Ästhetik ist inbezug auf die philosophische Grundlage nur eine breitere Ausführung und systematische Anordnung Shaftesburyscher Grundgedanken.*) Von den sogenannten sensualistischen Ästhetikern beschränkt sich Hogarth auf die blosse Raumschönheit, verzichtet damit deutlich genug, ein Merkmal für das Gesamtgebiet des Schönen zu geben, während Burke gerade durch seine sonst verdienstliche That, durch die scharfe Trennung des Erhabenen und Schönen ausser Stande gesetzt ist, das sie verbindende Gemeinsame zu erfassen. Home endlich geht in seinen „Grundsätzen der Kritik" gar nicht darauf aus, eine allgemeine theoretische Grundlage für die Ästhetik zu gewinnen, und wo er den Versuch macht, die Schönheit näher zu bestimmen, beschränkt sich seine Definition auf ein ganz enges Gebiet des Schönen.

Aber wenn auch die Ästethik der Franzosen und Engländer für die Metaphysik des Schönen geringeres geleistet als die deutsche, wenn die grössere Bedeutung der letzteren auch darin zu Tage tritt, dass in derselben eine Reihe bedeutungsvoller Systeme auf einander folgen, während jene am Schluss des achtzehnten Jahrhunderts völlig ins Stocken gerät, so haben doch die ausserdeutschen Ästhetiker ausserordentlich viel Keime ausgestreut, welche von der deutschen Ästhetik benutzt und zur reichen Entfaltung gebracht worden sind. Wie wir — gerade um die Mitte des vorigen Jahrhunderts — auf dem Gebiet der Philosophie und der Dichtung unzählige Fäden englischen und französischen Einflusses sich durch das Gewebe

---

*) Zimmermann, a. a. O. S. 288.

deutschen Dichtens und Denkens ziehen sehen, wie die deutsche Aufklärungsphilosophie die in England eben zur Blüte gekommene Moralphilosophie auf deutschen Boden verpflanzt und dabei die mannigfachsten Anregungen von den Encyclopädisten empfängt, wie Klopstock in Milton, Haller und Brockes in Pope und Thomson ihre Muster sehen, wie Rousseau durch seine Werke einer der bedeutendsten Urheber der Sturm- und Drangperiode in unserer Litteratur geworden, wie der Schweizer-Gottchedsche Kampf nichts weiter ist als der Kampf zwischen den französischen und englischen Einflüssen, so werden auch die ästhetischen Untersuchungen jener beiden Kulturvölker von den Deutschen freudig begrüsst, durch vielfache Übersetzungen zu unserem Eigentum gemacht, weiter verarbeitet und als Bausteine zu einem vollendeteren Bau verwandt. Wie aber der letzterwähnte Kampf zu Gunsten der Schweizer endet, und wie Lessing diesen Sieg des englischen Einflusses vollendet dadurch, dass er einerseits das Ansehen des französischen Klassicismus untergräbt, andererseits nach dem Muster der Engländer das bürgerliche Trauerspiel bei uns einführt und auf Shakespeare verweist, so treten auch für die fortgeschrittene deutsche Ästhetik des achtzehnten Jahrhunderts die Engländer in den Vordergrund. In Kant, dem grossen Reformator der Ästhetik, und in seinem — für die philosophische Erörterung der ästhetischen Fragen — bedeutendsten Vorgänger Mendelssohn können wir auf's deutlichste verfolgen, wie mannigfach die Eindrücke sind, die sie von den Engländern erfahren, und wie gering ihre Beziehung zu den Franzosen. Der ganzen Natur dieses Zeitalters entsprechend, das sich mit dem Menschen und seiner Glückseligkeit beschäftigt und sich darum mit Vorliebe in psychologischen Erörterungen ergeht, und ebenso durch die Verwandtschaft mit dem subjektiven Charakter des Kantschen Systems mussten nun vor allem die Untersuchungen der sensualistischen Ästhetiker, besonders

Burkes*) und Homes von Bedeutung werden. Dass das
Werk Burkes bei seinem Erscheinen die Geister ausserordentlich beschäftigte und dass die deutschen Ästhetiker
der damaligen Zeit ihm überaus viel zu danken haben,
ist allgemein anerkannt und durch eine Fülle von Thatsachen belegt. Lessing trug sich eine Zeit lang mit dem
Plane einer Übersetzung und Erläuterung: Mendelssohn
schrieb zu diesem Behuf eine Reihe von Bemerkungen.**)
Als Herder Lessing in Hamburg besuchte, drehte sich
das Gespräch um Aristoteles und Burke.***) Kants Werk
weist schon in seiner Anlage in der Zweiteilung der
Analytiken des Schönen und Erhabenen auf Burke hin,
wie dieser auch der einzige Ästhetiker ist, dessen Werk
in der Kritik der Urteilskraft erwähnt und besprochen
wird.†) Von Home wird dies weniger berichtet. Sein
Einfluss tritt auch in den Werken der damaligen deutschen
Ästhetik weniger klar zu Tage, da die allgemeine theoretische Grundlegung, die Metaphysik des Schönen, seine
schwächste Seite ist, und er auch nicht, wie dies von Burke
geschieht, überraschend neue Gedanken einführt. Dass
sein Werk trotzdem von grosser Bedeutung für die deutsche
Ästhetik geworden, mehr noch für die sich überaus schnell

---

*) Über die Stellung Hogarths zu Burke und Home wird weiter
unten die Rede sein. Hier sei nur hervorgehoben, dass schon im
achtzehnten Jahrhundert die ersten Teile des Hogarthschen Werkes,
in welchen er die Grundlagen giebt für die darauf folgende Behauptung,
dass die Wellen- oder Schlangenlinie die Linie der Schönheit und des
Reizes sei, in denen er ausführt, dass „Verwickelung" in höherem
Masse a's andere Momente, wie „Richtigkeit", Einförmigkeit und
Mannigfaltigkeit eine angenehme Bewegung erregt und daher die
Wellen- und Schlangenlinie, weil in ihnen vor allem die „Verwickelung"
zu Tage trete, die angenehmste Bewegung hervorrufe, — dass diese
psychologische Beweisführung Hogarths schon damals wenig bekannt
und Hogarth fast nur um seiner Schlangenlinie willen citiert wird.

**) Hettners Geschichte der Litteratur im 18. Jahrh. Teil III.
Buch II, S. 221.

***) Erich Schmidt, Lessing II, S. 184.

†) Kr. der Urteilskr. (Ha), S. 131 f.

vollziehende Klärung der Kunstanschauung in Deutschland, will unsere Arbeit nachzuweisen versuchen.*)

Aber auch abgesehen von diesem Einfluss erscheint eine Darstellung und Beleuchtung von Homes Ästhetik nicht wertlos, besonders heutzutage, wo, um einen Ausdruck Fechners zu brauchen, die Ästhetik von unten gegen-

---

*) Eine volle Würdigung Homes von diesem Gesichtspunkt aus vermissen wir bei Zimmermann (vgl. jedoch weiter unten), vor allem aber bei Schasler. Beide geben überhaupt in ihrem Werk mehr eine fortlaufende Kritik der bisherigen ästhetischen Anschauungen vom eigenen Standpunkte aus. Jeder Ästhetiker tritt nur in dem Masse in den Vordergrund, als er einen verwandten Zug mit des Historikers eigenem System hat oder einen entgegengesetzten, welcher der Kritik eine Handhabe bietet. Bezeichnend ist z. B. das überschwängliche Lob, das Hogarth und seiner Wellen- und Schlangenlinie von dem Formalisten Zimmermann gespendet wird, und nicht minder die Thatsache, dass Dubos, der einer ganzen Reihe von Ästhetikern mannigfache Anregung gegeben, und dessen Theorie von unserem Vergnügen an den tragischen Gegenständen noch heute Beachtung findet, bei Zimmermann und Schasler nur ganz beiläufig erwähnt wird. Schasler wird die Würdigung Homes, wie überhaupt der ausserdeutschen Ästhetiker noch besonders erschwert durch die eigenartige Methode, welche er bei Gruppierung der einzelnen Ästhetiker anwendet. Er unterscheidet drei Stufen des ästhetischen Bewusstseins in seiner geschichtlichen Entwickelung: eine intuitive, reflektierende und spekulative, in jeder dieser Stufen wiederum eine entsprechende Entwickelung, und bringt in diesem Schema die antike Ästhetik unter und die deutsche seit Baumgarten. Den ausserdeutschen Ästhetikern weiss er in dieser Stufenfolge keine Stelle zu sichern. Wie anerkennenswert nun auch die Konsequenz ist, mit welcher das Einteilungsprincip festgehalten wird, wie bestechend auch die Parallelen, welche dasselbe ermöglicht, — Plato, der in den Dramendichtern Betrüger sieht, nimmt eine gleiche Stellung ein, wie Baumgarten, der Verächter der heterokosmischen Welt, Aristoteles wie Lessing — so hat es doch andererseits bei der Bedeutung, welche Schasler dieser Anordnung beilegt, bei der Zähigkeit, mit welcher er bei jedem Ästhetiker die Berechtigung der Einreihung an diesem bestimmten Punkte des Schemas aus seinem ganzen Wesen ableitet, den Anschein, als ob er die ausserdeu'schen Ästhetiker nur deshalb so kurz und nebenbei behandelt, weil sie bei allzugrosser Wichtigkeit ein störendes Element für die Gliederung wären.

über der von oben immer mehr in den Vordergrund tritt, die empirische gegenüber der eigentlich philosophischen immer breiteren Raum gewinnt.

Was die Behandlung der uns gesetzten Aufgabe betrifft, so werden wir die Darstellung seiner Ästhetik einerseits und ihrer Berührungspunkte mit den Ansichten deutscher Ästhetiker andererseits nicht getrennt, sondern im Zusammenhang behandeln. Ferner binden wir uns nicht streng an den Gang seines ästhetischen Werkes. Gerade bei diesem verleitet eine Darstellung in einer solchen Form zu einem falschen Urteil. Richtige Bemerkungen finden sich oft an Stellen zerstreut, wo sie durch eine Fülle von Beispielen oder unwesentlichen Ausführungen erdrückt, in ihrer Wichtigkeit nicht genügend hervortreten. Zudem würde eine derartige Darstellung nur recht krass das Unsystematische seiner Untersuchungen uns vor Augen führen, ohne uns einen Ersatz zu gewähren für den Reiz, durch welchen die mit feinem Takt ausgewählten, zahlreich eingestreuten Dichterstellen den Leser dieses Buches fesseln.*) Wir werden zunächst den allgemeinen Standpunkt, soweit bei Home von einem solchen die Rede sein kann, festzustellen suchen, sodann die ästhetischen Grundbegriffe, die er behandelt hat, erörtern, um dann seine Beiträge zur Kunstlehre ins Auge zu fassen. Vorangeschickt seien einige Bemerkungen über sein Leben und seine Werke.

---

*) Home wählt diese freie Art der Behandlung mit Absicht — wie er mehrfach erklärt — er meint, sie wäre einer Untersuchung über die freien Künste durchaus angemessen. Wir begegnen dieser Auffassung auch sonst in Werken jener Zeit. Es ist eben das Beispiel des Tatler und des Spectator, das hier noch nachwirkt. Für Deutschland brauchen wir nur an Lessings Laokoon zu erinnern. Wie weit ist freilich der bei aller Freiheit scharf gegliederte Gang dieser Untersuchung von der zusammenhangslosen Aneinanderreihung verschieden, wie sie in Homes Werk zu Tage tritt!

Henry Home*) wurde 1696 geboren zu Kames in der schottischen Grafschaft Berwick. Obwohl aus vornehmer Familie, war sein Vater doch durch die Verhältnisse zu einem armen Landedelmann herabgesunken. Der Sohn Henry erhielt im Elternhaus eine dürftige Erziehung. Die Lücken in seinem Wissen ergänzte er, als er auf der Universität Edinburgh die Rechte studierte, um dann später Advokat zu werden. Nach etwa dreissigjähriger Thätigkeit beim Gericht wurde er zum Assissenrichter ernannt und erhielt zugleich den Titel eines Lord of Kames. Seit 1763 bekleidete er das Amt eines Oberrichters. In beiden Stellungen bewährte er sich als talentvoller und redlicher Mann. Am 27. December 1782 starb er zu Edinburgh in hohem Ansehen. Dies Ansehen hatte er sich durch seine hervorragenden persönlichen Eigenschaften, durch Rechtschaffenheit und Liebenswürdigkeit erworben, mehr noch durch seine vielseitige Bildung; denn wie ihm sein Ehrgeiz in der juristischen Laufbahn bald ein höheres Ziel wies, als es sonst wohl die jungen Edelleute zu erreichen pflegten, so machte sich auch bei ihm in früher Jugend schon ein ernstes Bildungsstreben geltend. Dies nahm bald die Richtung auf metaphysische Betrachtungen;**) in den Naturwissenschaften soll er sich nie grosse Kenntnisse erworben haben.***) Doch wenn er sich irgend einem Zweige der Wissenschaft mit Ernst zuwandte, so rastete er nicht, bis er sich einen festen Standpunkt in demselben erworben.†) Er pflegte, um sich über eine

---

*) Die biographischen Notizen sind entnommen den „Memoirs of the Life and Writings of the Honourable Henry of Kames" by A. F. Tytler Lord Woodhouselee Two volumes 4º Edinburgh 1807, einem sehr breit angelegten Werk, das sich mit allzugrosser Liebe in die Charakterzüge und Lebensverhältnisse Homes versenkt und auch inbezug auf die Schriften mehr auf biographische Vollständigkeit ausgeht als auf eine umfassende Charakteristik des Bedeutenderen.

**) Tytler 1, S. 18.
***) ibd. S. 26.
†) ibd. S. 28.

Materie Klarheit zu verschaffen, dieselbe in einem Werke zu behandeln.*) Daraus erklärt sich auch seine schriftstellerische Fruchtbarkeit und Vielseitigkeit. Er schrieb über Moral und Religion, über psychologische, ästhetische, pädagogische Fragen, aber ebenso über Ackerbau, Steuer-, Zoll- und Handelspolitik und eine ganze Reihe von Werken über Fragen aus seinem eigentlichen richterlichen Beruf. In allen seinen Schriften bewies er, wie Zeitgenossen ihm nachrühmen, einen lebhaften Verstand und einen bemerkenswerten Fleiss. Um einen Begriff von seiner Vielseitigkeit zu geben, mögen die Titel seiner bedeutenderen Schriften hier angeführt werden:

> Remarkable Decisions of the Court of Session. 1728.
> The Decisions of the Court of Session from its institution to the present time etc. 1741.
> Essays upon several Subjects concerning British Antiquities. 1747.
> Essays on Morality and natural Religion.**) Edinb. 1751.
> The Statute Law of Scotland abridged with Historical Notes 1757.
> Historical Law Tracts. 1759.***)
> Principles of Equity. 1760.***)
> Introduction to the Art of Thinking. 1761.
> Elements of Criticism. 1762.†)
> Sketches of the Hystory of man. 1774.
> The Gentleman Farmer being an attempt to improve agriculture etc. 1776.
> Loose Hints of Education. 1781.

*) Wenigstens giebt er einem Freund, der über gewisse Gegenstände der Staatsökonomie unterrichtet sein wollte, den Rat: Shall I tell you, my friend, how jou will come to understand it? Go and write a book upon it. Tytler II, S. 163.

**) übersetzt von Rautenberg, Braunschweig 1768.

***) Diese beiden Schriften in einer deutschen Übersetzung erschienen unter dem Titel: „Versuch über die moralischen Gesetze der Gesellschaft."

†) Vgl. weiter unten.

Alle diese Werke sind bis auf zwei selbst für die Fachwissenschaft verschollen. Doch müssen sie zu ihrer Zeit nicht ohne Wirkung gewesen sein. Wir sehen Home mit den bedeutendsten Männern im regen Verkehr und seine wissenschaftliche Bedeutung von denselben aufs höchste geschätzt.*) Sein Haus war ein Sammelplatz emporstrebender Talente, und sein Biograph rühmt ihm nach, dass er für die Hebung der Litteratur in Schottland überaus viel beigetragen.**)

Von den obengenannten Werken nun kommen für eine Würdigung seiner Ästhetik allein in Betracht Essays on the Principles of Moral and Natural Religion und das eigentlich ästhetische Werk Elements of criticism, Grundsätze der Kritik. ***) Das Buch hat bei den Zeitgenossen einen hervorragenden Eindruck gemacht. Dafür haben wir ausser der sehr beredten Thatsache, dass vier Auflagen des englischen Originals in fünf Jahren nötig waren und drei Auflagen der deutschen Übersetzung Verbreitung fanden, ausdrückliche Zeugnisse in den überlieferten Urteilen verschiedener Kritiker. So erklärt — von den nächsten Zeitgenossen abgesehen — Dugald Stewart, es besässe infinite merits; der deutsche Übersetzer Meinhardt, ein durchaus selbständiger und achtenswerter Mann, †)

*) So erklärte Adam Smith — auf der Höhe seines litterarischen Rufes — „Wir müssen alle in Kames unser Muster sehen." Tytler I 159.

**) Interessant ist die Nachricht, (Tytler I 70) dass in einer Sammlung englischer Gedichte aus dem Jahre 1720, welche auch die ersten Produktionen Thomsons enthält, Home mit einigen Stücken vertreten ist.

***) erschienen zu London und Edinburgh in vier jedesmal um einige Zusätze vermehrten Auflagen 1762, 1763, 1765, **1769** (nicht 1766, wie sonst das Datum der vierten Auflage angegeben wird), deutsch übersetzt von Johann Nikolaus Meinhardt I. Auflage, Leipzig 1763—66, II. Auflage besorgt von Garve und Engel 1772, III. Auflage besorgt von Schaz mit Zusätzen und Berichtigungen 1790 - 91.

†) Der Verfasser der „Versuche über den Charakter und die Werke der besten italienischen Dichter", welche auf Lessing und

findet in diesem Werk die vollständigste Theorie der schönen Künste, die uns jemals gegeben. „Niemals ist noch die Kritik mit einem so philosophischen Geist und mit soviel Geschmack zugleich behandelt worden." Zugleich berichtet er uns, dass das vortreffliche Werk, das man hier in unserer Sprache liefere, den meisten Liebhabern der schönen Wissenschaft durch den Ruf bekannt sein müsse; der allgemeine Beifall der aufgeklärten Nation, bei der es hervorgebracht worden, muss ihnen ein grosses Vorurteil von seinem Werte gegeben haben. Und dies ein halbes Jahr etwa, nachdem es im Original erschienen. Der Kritiker in dem Göttinger Gelehrten-Anzeiger von 1763 erklärt: Der uns unbekannte Übersetzer erinnert mit Recht in seinem Vorbericht, dass Home den Vorzug habe, die Grundsätze der Kritik aus dem menschlichen Herzen, nicht aus den Mustern der Alten, wie viele andere Kunstrichter thun, herzuleiten. Mendelssohn schreibt an Abbt:*) „Seine (Homes) Grundsätze der Kritik sind vortrefflich." Herder**) nennt Home neben Mendelssohn den grossen Philosophen des Schönen. Anders lautet schon das Urteil ein Menschenalter später. Schiller, der Home in seiner Abhandlung von Anmut und Würde zweimal erwähnt, sagt von ihm daselbst: „Seine Beobachtungen sind gewöhnlich richtig, und die nächsten Regeln, die er sich daraus ableitet, wahr, aber weiter darf man ihm auch nicht folgen."***) Und in unserer Zeit nennt Zimmermann Homes Buch wohl ein berühmtes und treffliches, erkennt ihm aber nur den Wert einer sorgfältigen Studie, nicht

---

Herder hervorragenden Eindruck gemacht. Vgl. über ihn Koberstein. Gesch. d. deutschen Nationall. III S. 341 Anm. 40.

*) Ges. Ww. V 277.

**) S. Ww. (Düntzer) XX 426.

***) Dass Schiller die Vorzüge des Werkes „bewundernd und dankbar" anerkannt habe, wie Zimmermann a. a. O. S. 224 meint, haben wir nirgends finden können.

den einer wissenschaftlichen Abhandlung zu. *) Und ähnlich urteilt Schasler. **) Der Wert des Buches beruhe weit mehr in den Bemerkungen über konkrete Fragen, wie in der Feststellung eines allgemeinen Princips. Aber, wie auch immer das Urteil über den thatsächlichen Wert des Homeschen Werkes ausfallen mag, die Zustimmung, die es seitens bedeutender Zeitgenossen gefunden, belehrt uns darüber, dass es auf die Anschauungen jener Zeit von grossem Einfluss gewesen und lässt es wertvoll erscheinen, den Spuren dieses Einflusses nachzugehen. Zimmermann ***) hat dies mit scharfem Blick erkannt: „Das vortreffliche Werk hat auf Lessing namentlich grossen Einfluss gehabt, und seine lebhafte Verehrung für Shakespeare, sowie der treffende Tadel des französischen Theaters, die darin niedergelegt sind, sind ohne Zweifel das Vorbild des Verfassers der hamburgischen Dramaturgie und des unversöhnlichen Kritikers der Franzosen gewesen. Für die richtige Würdigung Shakespeares und für die Begründung eines freien auf die Kenntnis des menschlichen Gemütswesens berechneten Aufschwungs der Kunst macht das Homesche Werk Epoche, und Herder und Schiller †) haben die Vorzüge desselben bewundernd anerkannt. Unter den deutschen Philosophen ist Kant wohl am nächsten von demselben berührt worden."

Versuchen wir, was hier als blosse Behauptung aufgestellt, nur angedeutet wird, zu beweisen und zu erweitern.

---

*) a. a. O. S. 246.
**) a. a. O. S. 296.
***) a. a. O. S. 224.
†) Vgl. Anm. ***) auf der vorigen Seite.

Der allgemeine Standpunkt.

Seitdem Shaftesbury mit der ganzen Glut seiner dichterischen Sprache in allen Wendungen es verkündet, dass die Tugend in einer Harmonie bestehe, dass der Tugendhafte der moralisch Schöne sei, herrscht eine Verquickung des Schönen und Guten bei vielen Ästhetikern der Folgezeit, und die moralische Schönheit ist ein Thema, das uns nur allzuhäufig begegnet. *) Schon Hogarth spottet über die „Herren, welche Abhandlungen über das Schöne herausgeben und sich so bald in ihren angegebenen Ursachen verlieren, um sich plötzlich auf den breiten und mehr gebahnten Weg der moralischen Schönheit zu wenden." **) Auch bei Home sind gut und schön Wechselbegriffe. Bestimmungen des moralisch „schicklichen" werden auf das ästhetisch „schickliche" angewandt. Die Betonung dieser Ähnlichkeit zwischen den moralischen und ästhetischen Gefühlen legt es uns nahe, einen kurzen Überblick über Homes Moralphilosophie zu geben. Diese hat er in seinen „Essays on the principles of morality and natural religion" niedergelegt, einem Buch, das im Vergleich zu seinen Elements sehr systematisch geordnet

---

*) Burke und Hogarth sind davon frei. Der Grund ist nach dem, was wir schon oben hervorgehoben, ersichtlich. Die Schönheit der Raumform gab keine Veranlassung zur Verwechselung, ebensowenig das Schöne im Gegensatz zum Erhabenen.

**) Hogarth: „Zergliederung der Schönheit", übersetzt von Mylius, Berlin und Potsdam 1754.

ist. Es enthält neben einer Behandlung der wichtigsten Fragen der Moralphilosophie zugleich das Wesentliche von Homes Erkenntnistheorie. Eine kurze Darstellung des Inhalts erscheint für das Verständnis von Homes ästhetischem Standpunkt um so eher geboten, als dies Werk bisher nicht berücksichtigt worden ist.

Nach einem Essay, der sich betitelt: „Von der Neigung des Menschen, sich mit unglücklichen Gegenständen zu beschäftigen" und an einem Beispiel die Bedeutung der sympathetischen Triebe für den Menschen darlegen will, beginnt Home im ersten Teil damit, ein „unbewegliches Fundament für die Sittlichkeit" aufzustellen. Die Individuen schliessen sich zu Gattungen zusammen mehr noch durch ihre innere Einrichtung, durch eine gewisse Einförmigkeit des Verhaltens, als durch ihre äussere Gestalt. Als Fundamentalsatz ist nun aufzustellen und wird auch von jedem als wahr empfunden, dass alles, was der gemeinschaftlichen Natur einer Gattung gemäss ist, als regelmässig und gut angesehen wird, was davon abweicht, ein Gefühl von Unordnung und Unrecht giebt. Wollen wir für den Menschen nun bestimmen, was regelmässig und gut ist, so müssen wir seine gemeinschaftliche Natur feststellen. (I. Teil II. Essay 1. Cap.) Wir sind nun so gebildet, dass kein Ding unserer Umgebung, das mit uns in irgend eine Beziehung tritt, uns gleichgültig ist; jedes macht Vergnügen oder Missvergnügen. Einen besonders lebhaften Eindruck machen die Gegenstände des Gesichts; darum werden sie auch im Gegensatz zu den Gegenständen anderer Sinne mit einem besonderen Prädikat „schön" oder „hässlich" bezeichnet. Diese Ausdrücke werden jedoch auch im übertragenen Sinne gebraucht, und da unterscheiden wir drei Arten von Schönheiten. Dinge, die uns schön erscheinen, sofern wir sie uns bloss als existierend vorstellen, (wie etwa ein Gebäude, das in allen seinen Teilen regelmässig ist,) sind in den niedrigsten Rang der Schönheit zu setzen. Betrachten wir sie aber in Absicht auf einen Endzweck, wie der Gegenstand zu den vorgesetzten Endzwecken geschickt ist (das Gebäude als Wohnhaus), der Zweck selbst mag nun gut oder böse sein, so erhalten wir einen höheren Grad von Schönheit. Die Empfindung, die wir hier haben, ist höherer Natur, sie schliesst das in sich, was man Beifall nennt. Dieser Beifall wird noch erhöht, wenn der Endzweck, zu dem der Gegenstand geschickt ist, selbst gut ist. Dies giebt die dritte Art der Schönheit. Sind Handlungen belebter Wesen besonders der Menschen Gegenstand unserer Betrachtung, so werden auch sie unter eine von den drei Arten der Schönheit fallen, nur dass bei dem Interesse, das wir ihnen im Vergleich zu den Wirkungen der Körper entgegenbringen, der Grad ein höherer ist. Doch tritt bei der Beurteilung menschlicher Handlungen eine ganz besondere Art von „schönen Handlungen" auf, die wir eigentlich gar nicht so nennen dürfen, da sie von den schönen durch die Bezeichnung „schicklich", „recht", „anständig" unterschieden werden. Es sind das Handlungen, wie die der kindlichen Liebe, der Dankbarkeit, mehr noch die der Gerechtigkeit, welche durch ein uns angeborenes Gefühl gefordert werden, deren Beurteilung daher auch nicht mit der Empfindung des blossen Beifalls, wie bei dem Schönen verbunden ist. Ein Handeln diesem Gefühl entsprechend erregt nicht im Zuschauer Zuneigung, wie Handlungen der Grossmut, Vergeltung des Bösen mit Gutem; doch jede Verletzung dieses Gefühls: bei der handelnden Person den Schmerz der Gewissensbisse und bei dem Zuschauer ein Streben nach Vergeltung. Die Tugend ist nicht nur schön, sie ist auch pflichtgemäss; oder besser: die Tugend ist überhaupt nicht Eine, wir haben zwei durchaus von einander unterschiedene Klassen von Tugenden. Die einen werden gefordert als unsere Pflicht von einem inneren Gefühl in uns, für die anderen haben wir ein von diesem verschiedenes Billigungsvermögen. Jene können wir Haupt-, diese Hilfstugenden nennen.

Dies Moment der Pflicht in der Tugend — meint Home — ist von keinem der Vorgänger hervorgehoben. Shaftesbury hat dargethan, dass die Tugend unser Glück, aber nicht, dass sie unsere Pflicht sei. Ich kann einen Menschen für mürrisch halten, weil er gegen seinen Vorteil handelt, aber nicht für boshaft und gottlos. — Hutcheson giebt als Kennzeichen der moralischen Güte an, dass sie dem, der sie besitzt, Beifall und Liebe erwirbt; doch wer seine Pflicht thut, ist ein gerechter, ein moralischer Mensch, ohne dass wir Zuneigung zu ihm empfinden.[*] Butler hat den wahren Grund der sittlichen Schuldigkeit tiefer eingesehen als irgend ein anderer; er hat in dem Gewissen ein Princip der Menschennatur erkannt, welches mit besonderem Ansehen vor allen anderen ausgestattet ist. Doch da auch nach ihm das Gewissen seine Autorität vermittelst der Billigung oder Missbilligung übt, so erscheint der Umfang dieses Begriffes zu weit, da wir manches missbilligen, was doch nicht als Verstoss wider die Pflicht angesehen wird.[**] So bleibt unsere Scheidung der Tugenden in Haupt- und Hilfstugenden das beste Mittel, sich über das, was man unter Pflicht und Verbindlichkeit versteht, klar zu werden. Die Haupttugenden tragen den Charakter der Notwendigkeit, ihre Übertretung ist mit dem Gefühl der Schuld verknüpft; die Hilfstugenden werden zum Ersatz durch die stärksten Empfindungen der Schönheit und durch die höchsten Stufen des Beifalls empfohlen. (II. Essay, Cap. II—IV.)

Das moralische Gefühl, wie wir es jetzt gekennzeichnet, hat nur die Aufgabe, zu leiten und zu hemmen, ist aber nie der Beweggrund unserer Handlungen. Diese

---

[*] Vgl. Gizycki „Ethik David Humes" S. 26, der Hutcheson ebenfalls die Ästhetisierung der moralischen Affekte zum Vorwurf macht.

[**] Eine klare Bestimmung darüber, wo denn nun „die Missbilligung" eigentlich aufhört und das Bewusstsein einer Pflichtverletzung eintritt, erhalten wir aber nicht von Home.

entspringen bestimmten Triebfedern, und von diesen gilt, dass ihre Ziele mit dem, was uns das moralische Gefühl gebietet, müssen übereinkommen können. Denn da nach dem obigen nur gut ist, was unserer Natur gemäss, so kann keine Handlung Pflicht sein, zu der wir nicht durch ein natürliches Principium gereizt werden. Darum sind auch die Systeme zu verwerfen, welche die Moral auf dem Princip der Eigenliebe oder auf dem des allgemeinen Wohlwollens haben bauen wollen. Denn wir sind nun einmal nicht so organisiert, dass wir nur Triebfedern des Handelns besässen, die sich auf unser eigenes Wohl richten, noch fühlen wir in uns ein Streben, die Glückseligkeit eines ganz Fremden zu fördern. Dass aber eine Gesamtheit von an sich uns fremden Individuen, wie das Vaterland, das menschliche Geschlecht für uns Gegenstand der Hingebung werden kann, ist „ein glückliches Kunststück der Natur, um den Mangel an Gewogenheit gegen entfernte Gegenstände zu ersetzen. Sie giebt abstrakten Wörtern, wie Religion, Vaterland, Regierung, menschliches Geschlecht, die Kraft, Gewogenheit in der Seele zu erwecken . . . . . und in dieser Bedeutung ist unstreitig das Principium des allgemeinen Wohlwollens den Menschen eingeprägt." *) (Essay II, Cap. V.)

Home polemisiert dann in den folgenden Kapiteln gegen diejenigen, welche die Verbindlichkeit der moralischen Pflicht in den Willen Gottes setzen wollen, gegen Clarke, der sie aus den ewigen und notwendigen Unterschieden der Dinge selbst gewinnen möchte, gegen Wollaston, der in seinem „höchst wunderlichen" System unmoralisch mit unwahr identificiere. Ebenso gegen Humes Behauptung von der bloss konventionellen Bedeutung der Gerechtigkeit. (Cap. VI—VIII.)

Dass die Menschen der früheren Zeit und auch die wilden Völker in ihren Handlungen soweit entfernt sind

---

*) Essays, deutsche Übersetzung, Teil I S. 63.

von unserer Moral, beweist nicht, dass das moralische Verhalten sich nicht auf Trieben gründet. Die Verhältnisse, in denen jene lebten und leben, führen zu einem Überwiegen des Selbsterhaltungstriebes. Der Anlage nach herrscht im Menschen eine völlige Harmonie der Triebe. Durch gewisse Umstände und Verhältnisse seiner Umgebung ergiebt sich oft die Herrschaft bestimmter Triebe. Aufgabe der Erziehung und Kultur ist es, diese Harmonie zur Geltung zu bringen. (II. Essay, Cap. IX.)

Aus dem Verhältnis der Triebfedern im Menschen folgen mit unbedingter Notwendigkeit seine Handlungen. Das Motiv — durch ein solches muss der Mensch immer bestimmt werden, sollen nicht seine Handlungen ein wirres Durcheinander sein — ist immer der Trieb, der über die anderen den Sieg davonträgt. Diesem strengen Determinismus gegenüber sprechen manche Philosophen ganz wie der Laie, bevor er über die Sache nachdenkt, von der Freiheit der Gleichgültigkeit. Sie verwechseln die sehr richtige Thatsache, dass der Mensch nur zu thun braucht, was er will, mit der moralischen Freiheit, dass er nun auch anders wollen könnte als er will.*) Dies unmittelbare Bewusstsein von der Willensfreiheit „diese anschauende Empfindung", wie sie im Gegensatz zur objektiven Wahrheit in dem Urteil des gewöhnlichen Menschen zu Tage tritt, ist uns ins Herz gelegt, um uns im praktischen Leben vor den Folgen der ignava ratio der Stoiker zu bewahren und zeugt in gleicher Weise von der Güte und Weisheit in den Absichten des Schöpfers, wie unsere Empfindungen von den sekundären Qualitäten, bei denen wir auch zu unserem Besten getäuscht werden. (III. Essay.)

Im zweiten Teil seiner Essays will Home der natürlichen Religion dadurch eine gesicherte Grundlage geben, dass er nachzuweisen sucht, ihr Kardinalsatz von der

---

*) Home deckt diese Verwechselung im Bewusstsein des gewöhnlichen Menschen ebenso klar und bündig auf wie Schopenhauer: „Grundprobleme der Ethik" I.

Existenz Gottes sei uns durch eine unmittelbare Empfindung gegeben. Die Art, Objekte zu denken und Sätze sich vorzustellen, die wir Glauben nennen, beruht auf dem Ansehen unserer Sinne. Wir glauben an die Existenz dessen, was sich unsern Sinnen dargeboten oder was andere wahrgenommen haben, von denen wir nicht getäuscht worden sind. (Teil II, Essay I.) Die Autorität unserer Sinne muss also unerschütterlich sein, wollen wir nicht in einen bodenlosen Skepticismus verfallen. Die Sinne geben uns auch Wahrheit, und wo sie uns aus guten Endzwecken täuschen, da ist dem Verstand die Möglichkeit gegeben, auf Grund von Schlüssen sie zu rektifizieren. *)

Wir haben auch nur darum eine so feste Überzeugung von der Existenz eines solchen Dinges, wie die Substanz, weil wir sie sehen, denn wir sehen nie eine Eigenschaft, sondern stets ein Ding mit dieser Eigenschaft. (Essay III.) Den Begriff der Kraft, das Verhältnis von Ursache und Wirkung können wir nicht durch eine Schlussfolge erweisen, ebensowenig aus der Erfahrung herleiten; denn diese würde uns nur lehren, dass Feuer und Hitze bisher mit einander verbunden gewesen sind, aber nicht, dass sie es notwendig sein müssten. Vielmehr wird das Verhältnis von Ursache und Wirkung unmittelbar von uns empfunden. Wir sind so eingerichtet, dass wir uns nicht allein den einen Körper als handelnd und wirksam vorstellen, sondern auch, dass die Veränderung in dem anderen Körper vermittelst dieser Handlung hervorgebracht wird. (Essay IV.) Und ein geheimer Instinkt ist es auch, der uns über die Einförmigkeit und Beständigkeit der Natur belehrt und es möglich macht, dass wir von

---

*) Humes ausführliche Polemik gegen Berkeleys Idealismus an dieser Stelle bewegt sich allerdings hauptsächlich in Berufungen auf die Bündigkeit der Sinneswahrnehmung. Hervorzuheben wäre seine Bemerkung, die Annahme der unabhängig von den Perceptionen existierenden Objekte könne wohl eine Täuschung sein, enthalte doch aber nicht, wie Berkeley behauptet, einen Widerspruch.

den Kräften, deren Wirksamkeit wir bisher beobachtet, die gleiche auch in Zukunft erwarten. „Auf diese Art wird zwischen unseren innerlichen Empfindungen und dem Lauf der äusserlichen Begebenheiten eine wunderbare Harmonie festgestellt." Ganz analog haben wir nun auch eine anschauende Empfindung von der Gottheit. (Essay VII.) „Denn so wie bei der Erblickung eines äusserlichen Gegenstandes der Sinn des Gesichts den Begriff von der Substanz sowohl als von der Qualität hervorbringt, wie wir durch eine anschauende Empfindung entdecken, dass einige Dinge Wirkungen sind, die eine Ursache haben müssen, wie der Instinkt uns antreibt, aus der Erfahrung des Vergangenen von dem Künftigen zu urteilen, wie durch ein Gefühl der Identität der Leser sich bewusst ist, dass er eben die Person ist, die er war, als er anfing zu lesen, sowie alle diese Schlüsse, sage ich, auf welche sich die Menschen mit der vollkommensten Sicherheit verlassen, Eingebungen der äusserlichen und innerlichen Sinne sind, auf eben die Art und nach eben solchen Empfindungen schliessen wir auch das Dasein einer ersten und höchsten Ursache." *)

Soweit Home. Die Beweisführung, die an manchen Stellen ganz scharfsinnig ist, musste übergangen werden, und so erscheint der Inhalt, den wir angegeben, noch dürftiger. Wenn wir aber der schottischen Schule überhaupt eine Stelle in der Geschichte der Philosophie zuweisen wollen, so gebührt Home das Verdienst, in gewisser Hinsicht der Begründer derselben zu sein. Wohl haben Reid und seine Nachfolger die Lehre vom common sense weiter ausgebaut; doch die oft willkürliche Zusammenlesung jener selbstevidenten Sätze wird man doch nicht als hervorragende Leistung anerkennen. Die Grundanschauung, mit der Reid gegen den Idealismus Berkeleys und Skepticismus Humes anzukämpfen sucht: Mit der

---

*) a. a. O. Teil II S. 104.

Empfindung ist unmittelbar der Glaube an die Wirklichkeit des Gegenstandes gegeben, desgleichen Beattie in dem Satze: Wahr ist, was unsere Natur uns zu glauben nötigt, worüber folglich alle übereinstimmen, — finden wir in Home aufs entschiedenste ausgesprochen und fruchtbar zu machen gesucht.

Für Homes Ästhetik ergeben sich aus dem soeben Gehörten etwa folgende Gedanken. Zunächst die Unterscheidung der Tugenden in solche, welche durch das Pflichtgefühl gefordert werden und in andere, denen wir besonderen Beifall zollen, die dem Besitzer Liebe erwerben, die einen besonderen Grad von Schönheit haben und in uns das gleiche Gefühl erregen wie das Schöne. Dass er durch die Feststellung des Moments der Pflicht in dem moralischen Gefühl einen Fortschritt über seine Vorgänger bedeutet, hebt er selbst hervor. Zugleich ist aber auch eine gewisse Abgrenzung des Schönen vom Guten ermöglicht, wenn wir eben nur nicht unter dem Guten alles das verstehen, was man gewöhnlich damit bezeichnet. Moralisch recht, gut ist, was die Pflicht gebeut. Es giebt aber auch ein moralisch Schönes, das in uns, mag man es nun auch gut nennen, jedenfalls ein Gefühl erregt, das wir von dem eigentlich ästhetischen nicht zu unterscheiden vermögen. Wir haben nun einmal eine specifisch verschiedene Wertschätzung für moralische Handlungen und Gesinnungen. In dem einen Falle sagen wir von einem: das ist nur seine Pflicht und Schuldigkeit, in dem andern empfinden wir Zuneigung und Begeisterung für den, der die Tugend übt. Und im letzteren Fall dürfen wir von moralisch Schönem sprechen, denn das Gefühl, das wir hier empfinden, ist durchaus verwandt mit den ästhetischen Gefühlen. Unwillkürlich erinnert uns diese Unterscheidung zwischen dem Pflichtgemässen, in dessen Beurteilung wir einem Zwang unterworfen sind, und dem Schönen, dem wir freien Beifall entgegenbringen, an Kants Bestimmungen über das Gute und Schöne, nur dass nach ihm, dem eine jede gute Handlung pflichtgemäss ist, ableitbar aus dem kategorischen Imperativ, Homes moralisch Schönes ein Widerspruch ist.

Ferner merken wir uns Homes Behauptung von dem ursprünglichen, harmonischen Gleichgewicht in den Trieben des Menschen. Die Gesamtheit der Triebe einerseits — so hörten wir — und die moralischen Gefühle andererseits sind einander angepasst, so dass jede Verirrung in den moralischen Anschauungen nur auf eine aus gewissen Verhältnissen entstandene Übermacht bestimmter Triebe zurückzuführen ist und wir, um die höchste Stufe der Sittlichkeit zu erreichen, nur die ursprünglich herrliche Anlage in uns in ihrer Reinheit wieder herzustellen haben. Aus dieser harmonischen Anlage erklärt es sich aber auch, dass jede Harmonie in der Aussenwelt uns so angenehm berührt, dass wir in der Reihenfolge der Wahrnehmungen nach einer gewissen Ordnung gehen, dass auch in der Reproduktion unserer Vorstellungen sich dies Princip der Ordnung geltend macht,*) kurz, dass wir ein Gefühl für Ordnung haben. So kleinlich überhaupt Homes anthropocentrischer Standpunkt an manchen Stellen erscheint, wenn er die grossen Verhältnisse alle sich zugeschnitten denkt auf das Wohl und Wehe des Menschen allein, so giebt er ihm doch Gelegenheit, immer und immer wieder die Ordnung zu bewundern, mit welcher die Aussenwelt und die Welt im Innern des Menschen ineinandergreifen, uns zu zeigen, wie schön die Welt ist, kurz, den ästhetischen Gesichtspunkt überall anzulegen.

Endlich ist besonders charakteristisch die Art, wie er sich die Thätigkeit des Gesichtssinnes denkt. Es ist ihm das ein ganz anderes Organ, wie das des Geruchs und Geschmacks, selbst das des Gefühls und Gehörs. Wir

---

*) Vgl. auch „Grundsätze der Kritik", 1. Cap. (Wir citieren nach der dritten Auflage, herausgegeben von Schatz. Leipzig 1790, 3 Bände.)

nehmen durch dies Organ in ganz eigenartiger Weise gewisse Wahrheiten in uns auf, wir werden durch dasselbe belehrt über Verhältnisse der Objekte der Aussenwelt zu einander, die gar nicht als Gegenstand einer Wahrnehmung erscheinen. Indem wir zwei Vorgänge sehen, wird das Verhältnis von Ursache und Wirkung, in dem sie zu einander stehen, unmittelbar von uns empfunden. Das Seltsame dieser Auffassung sei hier nicht weiter in Erwägung gezogen; jedenfalls giebt sie Home Gelegenheit, die ästhetischen Empfindungen, die uns zum grössten Teil durch den Gesichtssinn zugeführt werden, aus der Masse der niederen Empfindungen herauszuheben, ihnen eine Mittelstellung einzuräumen zwischen den eigentlich sinnlichen Empfindungen und den rein gedanklichen Vorstellungen.

Und hier wären wir an den Punkt gelangt, bei dem Home in seinem Hauptwerk, den „Grundsätzen der Kritik", einsetzt. Er scheidet in der Einleitung den Gesichts und den Gehörssinn — diesen nimmt er hier freilich hinzu *) — aus der Reihe der anderen Sinne aus. Sie sind die höheren und allein die eigentlich ästhetischen Sinne; denn dadurch, dass wir bei ihren Wahrnehmungen uns der, thatsächlich ja allerdings in gleicher Weise wie bei den anderen Sinnen stattfindenden, Berührung zwischen Objekt der Aussenwelt und Sinnesorgan nicht bewusst werden, sind ihre „Ergötzungen feiner als die sinnlichen Ergötzungen" und an Würde denen des Verstandes nahegerückt. Ästhetisch ist ihm also jede Empfindung, welche durch den

---

*) Die Empfindungen des Gehörssinnes werden aber im Verlauf des ganzen Werkes bis auf einige flüchtige Erwähnungen gar nicht berücksichtigt. Das muss Home wohl auch in der Beurteilung seines Werkes vorgehalten worden sein, denn die vierte Ausgabe des Englischen ist um einen Abschnitt vermehrt: „Die Kraft der Töne, Bewegungen und Leidenschaften zu erwecken", der diesem Mangel, wie die einleitenden Worte bemerken, abhelfen soll, thatsächlich jedoch nur einige unbedeutende Beobachtungen enthält.

Gesichts- und Gehörssinn vermittelt wird. Home macht auch an mehreren Stellen seines Werkes den Versuch, dem Anschein nach anders beschaffene Gattungen des ästhetisch Wirksamen auf eine Art von Gesichtsempfindungen zurückzuführen. Zunächst inbezug auf die Dichtung durch seine Lehre von der idealen Gegenwart. *) Jede Dichtung — dies Wort im weitesten Sinne genommen als Schilderung, Erzählung, Fabel, Drama, Gedicht — wirkt seiner Überzeugung nach nur gerade soviel als es dem Dichter gelingt, uns lebendige Bilder vor das Auge zu führen, uns in eine Stimmung zu versetzen, in welcher wir seine vorgeführten Begebenheiten in der Gegenwart zu erleben glauben. Wir haben nämlich die Fähigkeit, auf gewisse Anregungen hin Vorstellungen so lebhaft in uns zu reproducieren, dass wir uns in einer Art von wachem Traum befinden, unvermerkt in einen Zuschauer verwandelt werden, der all das vom Dichter Vorgeführte mit leiblichem Auge zu sehen vermeint, und diesen Zustand können wir nicht besser dem Zustand, in welchem wir eine wirkliche Begebenheit erleben, vergleichend gegenüberstellen, als wenn wir ihn den der idealen Gegenwart nennen. Es ist kein blosses Gedächtnisbild aus der Vergangenheit, denn es wetteifert an Lebendigkeit mit dem wirklich gegenwärtig Geschauten, es ist nur ideal gegenwärtig, denn die geringste Überlegung über unseren thatsächlichen Zustand lässt es wieder in ein Nichts zerfliessen. Diese unsere Fähigkeit ist aber von grosser Bedeutung, denn in der Kunst, das Vergangene zur idealen Gegenwart in uns zu erheben, liegt das Geheimnis der Wirkung so vieler dichterischer Werke. Es wäre thöricht, um das Schicksal der Lukretia Thränen zu vergiessen, wenn nicht eben jetzt vor unseren Augen ihr das Unrecht geschähe, bedächten wir in dem Augenblick, dass das Ereignis Jahrtausende von uns entfernt liegt und die

---

*) Vgl. weiter unten Seite 35 f.

Heldin längst jedem Erdenleid entzogen ist. — An der zweiten Stelle tritt das Streben Homes, das ästhetische Urteil nur mit Eindrücken zu verknüpfen, welche auf einen der höheren Sinne gemacht werden, noch deutlicher hervor. Er unterscheidet im dritten Kapitel seines Werkes — wir kommen hierauf noch zurück — zwei Gattungen der Schönheit: eine Schönheit des Verhältnisses und eine eigene Schönheit. Die letztere liegt in dem Gegenstande selbst, in gewissen räumlichen Beschaffenheiten desselben, die Schönheit des Verhältnisses ist an Dingen, insofern sie als Mittel zu irgend einem guten Endzweck oder Vorsatz betrachtet werden. Obwohl nun diese letztere Schönheit Betrachtung und Nachdenken fordert, wir die Schönheit des Verhältnisses in einer künstlichen Maschine nicht eher entdecken, als bis uns ihr Gebrauch und ihre Bestimmung bekannt wird, so nehmen wir sie doch so wahr, als wäre sie über den Gegenstand verbreitet. Die Nutzbarkeit des Pfluges ist eine Schönheit, die wir, wenn sie auch thatsächlich ein Resultat unseres Denkens ist, an dem Pflug zu sehen glauben.*)

Wichtig sind noch zwei Bemerkungen Homes, die er an diese der Thätigkeit der höheren Sinne entsprechende Stellung der ästhetischen Empfindung knüpft, weil sie, nur andeutungsweise allerdings und in sehr unscheinbarem Gewande, etwas von den Grundlagen des Schillerschen Gedankenganges wiederspiegeln: „Die Ergötzungen des Auges und des Ohres sind ihrer Natur nach geschickt, uns von einer unmässigen Liebe des sinnlichen Vergnügens

---

*) Diese letztere Betrachtung zeigt uns, was wir häufig in Homes Werk werden beobachten können, dass er, was von eingreifender Bedeutung ist, ahnt, ohne es klar und scharf hervorzuheben. Home ist sich offenbar bewusst, dass es ein Schönes nur in der Anschauung giebt, dass wir, wo wir nachdenken, vergleichen müssen, nicht die rechte ästhetische Empfindung haben, und das treibt ihn, da er nun einmal das Nützliche als Schönes betrachtet, zu dieser eigentümlichen Erklärung.

abzuziehen, denn die Seele, die einmal gewöhnt worden, sich an einer mannigfaltigen Menge von Gegenständen zu ergötzen, ohne sich einer unmittelbaren Wirkung auf die Sinnenwerkzeuge bewusst zu sein, ist dadurch schon vorbereitet, an innerlichen Gegenständen Vergnügen zu finden, wo gar kein Eindruck auf die sinnlichen Werkzeuge stattfindet. Indem der Urheber unserer Natur also unsere Seele zu einem Fortgange von Ergötzungen, von den niedrigsten an bis zu den höchsten fähig macht, führt er Schritt für Schritt von den gröbsten, sinnlichen Lüsten, zu denen sie nur am Anfang des Lebens geschickt ist, bis zu den feinsten Ergötzungen und Vergnügen, das für ihre Reife gemacht ist." *)

Wir erkennen hierin den Ausgangspunkt von Schillers Briefen über die ästhetische Erziehung, dass die ästhetische Bildung den Menschen vorbereitet zu seiner höchsten Bestimmung, ein vollkommener moralischer Mensch zu werden. **) Im Verlauf der Abhandlung wendet bekanntlich Schiller den Gedanken so, dass der ästhetische Mensch, in welchem die beiden Triebe, der Sinnentrieb und der Vernunfttrieb harmonisch übereinstimmen, an sich schon der wahrhaft sittliche Mensch sei. Die vorbereitende Bedeutung der ästhetischen Bildung hat Schiller darum doch nicht aufgegeben und sie besonders hervorgehoben in seinem Aufsatz: „Über den moralischen Nutzen ästhetischer Sitten."

Die andere Stelle, die wir im Auge hatten, lautet:

---

*) G. d. K. Seite 5 f.
**) Vgl. Zimmermann a. a. O. S. 226 und gegen ihn Schasler a. a. O. S. 298 Anm.; beide erwähnen aber nicht die von uns herangezogene Stelle, welche der ästhetischen Empfindung die mittlere Stelle einräumt zwischen Sinnengenuss und moralischem Fühlen und damit eben den Grund angiebt, warum „ein richtiger Geschmack in demjenigen, was in Schriften oder Gemälden . . . . . schön, richtig und zierlich ist . . . . ., eine treffliche Vorbereitung ist, um unterscheiden zu lernen, was in Charakteren schön, angemessen, zierlich und grossmütig ist."

„Die sinnlichen Ergötzungen haben ihrer Natur nach eine kurze Dauer. Werden sie zu lange fortgesetzt, so verlieren sie ihren Reiz: hängt man ihnen bis zum Übermasse nach, so erzeugen sie Überdruss und Ekel. Um uns aus diesem verdriesslichen Zustand zu helfen, kann nichts glücklicher ausgedacht werden, als die erheiternden Ergötzungen des Auges und des Ohres, die unvermerkt und ohne die Stimmung der Seele sehr zu verändern, ihren Platz einnehmen. Auf der anderen Seite wird jede angestrengte Übung des Verstandes endlich schmerzhaft, indem sie die Seele zu sehr spannt. Die Unterlassung dieser Übung erquickt uns nicht sogleich. Der Zwischenraum zwischen ihnen und einer gänzlichen Ruhe muss durch eine leichte Beschäftigung ausgefüllt werden, welche die Lebensgeister allmählich ablässt." *) Diese Bemerkung entspricht, — wir wiederholen es, nur andeutungsweise — Schillers Auffassung der ästhetischen Stimmung als einer mittleren zwischen den beiden in gleicher Anspannung verharrenden Zuständen des Menschen, wo er seinem sinnlichen Triebe folgt und wo er seinen Formtrieb bethätigt. Dort leidet er, indem er unter der Macht der sinnlichen Eindrücke steht, hier, indem er dem Zwang der Aufgaben unterworfen ist, die er sich gestellt. In beiden Fällen ist eine Abspannung nötig. Diese darf aber weder in dem einen Falle bloss Wirkung eines physischen Unvermögens und einer Stumpfheit der Empfindungen sein, noch in dem anderen Falle Wirkung eines geistigen Unvermögens und einer Schlaffheit der Denk- und Willenskräfte. „Fülle der Empfindungen muss ihre rühmliche Quelle sein." Sie muss selbst in einer Art von Thätigkeit, eben in der ästhetischen Empfindung, beruhen. **)

„Die Empfindungen des Auges und des Ohres", von denen wir bisher gesprochen, werden nun nach Home

---

*) G. d. K. S. 4.
**) Briefe über die ästhetische Erz. Besonders Brief XIII.

"allein mit dem Namen Bewegungen und Leidenschaften beehrt." *) Wollen wir jetzt Grundsätze feststellen, welche Gegenstände des Gesichts und des Gehörs unangenehm, welche angenehm sind, so müssen wir diese Bewegungen und Leidenschaften kennen lernen. Jeder Gegenstand, der eine angenehme Bewegung und einen angenehmen Affekt erregt, wird angenehm sein. Wir müssen notwendig die Eigenschaften und die Ursachen der Bewegungen und Leidenschaften kennen lernen, ehe wir mit einiger Richtigkeit urteilen können, inwiefern sie unter der Gewalt der schönen Künste stehen. Wie nun Bewegungen und Leidenschaften entstehen und wodurch sie sich von einander unterscheiden, will Home zunächst auseinandersetzen.

„Die Natur des Menschen ist so eingerichtet, dass er bei Wahrnehmung gewisser äusserlicher Gegenstände sich sogleich eines Vergnügens oder eines Schmerzes bewusst ist. Ein fliessender Bach, eine sanft gedehnte Fläche, ein Eichbaum, der seine Zweige weit ausbreitet, ein hoher Berg sind Gegenstände des Gesichts, die ergötzende Bewegungen erregen." **) Wie die äusserlichen Eigenschaften ein Ding angenehm machen, so gilt dies auch von den innerlichen, und dem zu Folge machen Kraft, Scharfsinnigkeit, Witz, Milde, Sympathie, Wohlwollen ihren Besitzer in einem hohen Grade angenehm. Ebenso rühren uns empfindende Wesen durch ihre Handlungen. „Gewisse Handlungen erregen, sobald man sie wahrnimmt und ohne das geringste Nachdenken, ergötzende Bewegungen in dem Zuschauer; von der Art sind eine anmutige Stellung, ein freundliches Bezeigen." ***) Ja selbst die Gefühle Anderer erregen in uns Bewegungen. „Ich kann nicht einen Menschen im Unglück sehen, ohne seinen

---

*) G. d. K. S. 40.
**) ebendaselbst S. 44.
***) ebend. S. 45.

Schmerz, noch in der Freude, ohne sein Vergnügen mit ihm zu teilen." *) Diese Bewegungen werden aber nicht nur hervorgerufen, wenn wir das Ebenerwähnte anschauen, sondern auch, wenn wir es in der Vorstellung ins Gedächtnis zurückrufen, und die Bewegung im letzteren Fall unterscheidet sich von der im ersten nur durch den Grad der Stärke. „Ein Garten, der mit Geschmack angelegt ist, ergötzt uns in der Erinnerung sowohl, als wenn wir ihn vor Augen haben; eine grossmütige Handlung, durch Farben oder Worte geschildert, flösst uns ebensowohl eine rührende Bewegung ein, als wenn wir sie selbst ausüben sehen." **)

In den Bewegungen ist aber nun ein wichtiger Unterschied bemerkbar und zwar so, dass gewisse Bewegungen mit Verlangen verbunden sind, während andere nach einem kurzen Dasein wieder verschwinden, ohne irgend ein Verlangen zu erzeugen. „Die Bewegung, die durch eine schöne Gegend oder ein prächtiges Gebäude erregt wird, ist selten von Verlangen begleitet. Viele andere Bewegungen sind mit einem Verlangen verbunden, und dies ist vorzüglich der Fall bei Bewegungen, die durch menschliche Handlungen oder Eigenschaften erregt werden. Eine tugendhafte Handlung erregt in jedem Zuschauer eine ergötzende Bewegung, welche insgemein mit einem Verlangen verbunden ist, dem Urheber der Handlung Gutes zu thun." ***) Wir werden diese Bewegungen am besten so unterscheiden: „Eine innerliche Regung der Seele, die wieder vergeht, ohne Verlangen zu erwecken, wird eine Bewegung genannt; wenn Verlangen erweckt wird, so nennt man diese Regung Leidenschaft." †) Da die Leidenschaften ein Verlangen enthalten, so treiben sie zu Handlungen, dies Verlangen zu erfüllen, sich selbst zu

---

*) G. d. K. S. 48.
**) ebend. S. 48.
***) ebend. S. 49.
†) ebend. S. 51.

befriedigen. „Dies eröffnet einen neuen sehr deutlichen Unterschied zwischen Bewegungen und Leidenschaften. Da die ersteren ohne Verlangen sind, so sind sie ihrer Natur nach ruhig; die letzteren, die ein Verlangen einschliessen, treiben zu Handlungen." *)

Die Stärke des Verlangens steht mit der Ursache desselben in gleichem Verhältnis. Daher ist das Verlangen durchaus verschieden, je nachdem es sich auf unbelebte, belebte oder vernünftige Wesen richtet. Ein empfindendes Wesen kann in vielerlei Hinsicht Gegenstand unseres Verlangens, einer Leidenschaft sein. Unbelebte Wesen höchstens in dem Sinne, dass wir sie zu besitzen wünschen. **)

Aus der Befriedigung oder Nichtbefriedigung einer Leidenschaft entstehen wiederum neue Bewegungen: die der Freude und der Betrübnis. Diese beiden sind stets auf die Befriedigung oder Nichtbefriedigung eines Verlangens zurückzuführen. Wenn wir Freude empfinden bei zufällig eintretenden Ereignissen, so wird hier unser instinktives allgemeines Verlangen nach Glückseligkeit erfüllt. Und die Freude, die aus dem Aufhören eines Schmerzes entspringt, ist auch nur eine Folge davon, dass unser Wunsch, der Schmerz möge aufhören, seine Befriedigung gefunden. ***)

Eine andere Art der Bewegung ist die „sympathetische Bewegung der Tugend." Das Beispiel einer tugendhaften Handlung erregt in uns eine Art von Mittelding zwischen Bewegung und Leidenschaft, ein dem Hunger- und Dursttrieb ähnliches unbestimmtes Verlangen nach einer Be-

---

*) G. d. K. S. 53.
**) ebend. S. 64 — den folgenden Abschnitt: „die Kräfte der Töne, Bewegungen und Leidenschaften zu erwecken" übergehen wir, weil er gar nichts wesentliches enthält; (vgl. auch oben Seite 27 Anm.) wohlthuend berührt in demselben die sittliche Entrüstung gegen das verderbte englische Lustspiel der Restaurationszeit.
***) ebend. S. 71—75.

thätigung in der Richtung dieser Tugend. Der Anblick einer tapferen Handlung z. B. lässt in uns ausser der Bewunderung für den Helden eine Regung der Tapferkeit entstehen; wir fühlen in uns eine ungewöhnliche Kühnheit und Unerschrockenheit und dürsten nach Gegenständen, an welchen wir diese äussern könnten.*)

Auf die Entstehung gewisser Bewegungen haben die Verhältnisse, in denen die Dinge in der Wirklichkeit zu einander stehen oder unter denen sie von uns aufgefasst worden sind, grossen Einfluss. Ein Gegenstand, der uns angenehm ist, macht jedes Ding, das mit ihm verbunden ist, angenehm. Die Seele, welche sanft und ohne Mühe zwischen Gegenständen hingleitet, die unter einander in Verhältnissen stehen, führt die angenehmen Eigenschaften, die sie auf ihrem Wege trifft, immer mit sich fort und vermengt dieselbe mit der Idee des gegenwärtigen Gegenstandes, der dadurch angenehmer erscheint, als wenn man ihn besonders betrachtet.**)

Wir bemerkten schon,***) dass auch eine im Gedächtnis reproducierte Vorstellung eine Bewegung hervorrufen kann. Diese ist gewöhnlich nur schwach, entsprechend der geringen Stärke der Ursache. Wir sind aber im Stande, durch längeres Verweilen, durch Reproducierung der einzelnen Umstände sie so lebendig uns vorzuführen, dass sie den Grad einer „idealen Gegenwart" †) erhält, die sich weit über die schwache Vorstellung der nachdenkenden Erinnerung erhebt. Und wie das einmal Wahrgenommene durch intensive Thätigkeit des Gedächtnisses, so kann auch das nie Wahrgenommene durch lebendige Schilderung und kräftige Beschreibung zur idealen Gegenwart erhoben werden. So wird letztere das grosse Mittel, wodurch die Kunst wirkt; denn sie kann

---

*) G. d. K. S. 76—82.
**) ebend. S. 82—105.
***) vgl. oben S. 33.
†) Vergl. oben Seite 28.

in gleicher Weise wie die Wirklichkeit alle möglichen
Bewegungen hervorrufen. In den Künsten steht die dramatische Vorstellung über der Malerei, weil sie uns in
höherem Grade eine ideale Gegenwart vorführen kann.
Die Malerei müsste aus diesem Gesichtspunkt vor der
Poesie den Vorrang haben; trotzdem werden wir durch
letztere in höherem Masse erregt. „Unter allen auf einander folgenden Vorfällen, die zusammen eine grosse Begebenheit hervorbringen, kann ein Gemälde sich nur einen
wählen, weil es auf einen einzigen Augenblick eingeschränkt
ist. Und obgleich der Eindruck, den es macht, der stärkste
ist, der in einem Augenblick gemacht werden kann, so
ist es doch selten möglich, eine Leidenschaft in einem
Augenblick und durch einen einzelnen Eindruck zu irgend
einem Grade von Höhe zu bringen. Unsere Leidenschaften,
insbesondere diejenigen, die von der sympathetischen Art
sind, erfordern einen Fortgang von Eindrücken, und aus
dieser Ursache hat das Lesen und noch weit mehr die
theatralische Vorstellung einen grossen Vorteil, indem sie
die Eindrücke unaufhörlich wiederholen können." *) Da
die Dichtung nur wirkt durch die ideale Gegenwart und
deren Ähnlichkeit mit der Wirklichkeit, so ist jede Verletzung der Wahrscheinlichkeit zu vermeiden, welche die
Illusion völlig aufhebt. Damit ist der Stab gebrochen
über alle „Maschinen" und erdichtete Wesen, wie sie in
Voltaires Henriade uns entgegentreten und dies Werk
frostig und uninteressant machen, ja seinen Zweck völlig
verfehlen lassen. **)

Bisher sind die Bewegungen nach ihren Ursachen
betrachtet und dabei die Ausdrücke lustvoll („ergötzend")

---

*) Fechner schliesst eine Ausführung, die diesem Gedankengang genau entspricht, mit den Worten: „Wie denn der Eindruck
eines lyrischen Gedichtes, eines Drama, eines Epos, oder selbst einer
Erzählung durch kein Gemälde ersetzt, wenn schon in gewisser
Weise ergänzt werden kann," Vorschule der Ästhetik I S. 139.
**) G. d. K. S. 115—138.

und angenehm, unlustvoll und unangenehm ohne Unterschied gebraucht worden. Genauer bezeichnet kommt der Ausdruck angenehm oder unangenehm als Prädikat der Ursache einer Bewegung, dem Gegenstand der Leidenschaft zu, lustvoll und unlustvoll dagegen dem Zustand des Subjekts. Der schöne Garten ist angenehm; die Bewegung, die er in mir hervorruft, ist lustvoll. Diese Unterscheidung ist wichtig; denn jede Bewegung kann wiederum Objekt einer Betrachtung werden und als solche Ursache einer anderen Bewegung.

Eine lustvolle Bewegung wird in der Betrachtung gewöhnlich angenehm, eine unlustvolle unangenehm sein. Aber eine lustvolle Bewegung kann auch unangenehm sein. Die Befriedigung der Eigenliebe wird, selbst wenn zu weit getrieben, noch immer mit Lust begleitet, aber in der Betrachtung wird diese Bewegung unangenehm sein. Umgekehrt wird eine unlustvolle Bewegung angenehm werden können, bei der Betrachtung unser Wohlgefallen und unseren Beifall erhalten, insofern wir uns bewusst werden, dass diese Bewegung der menschlichen Natur entspricht, regelmässig und das ist, was sie sein soll. „Die unlustvolle Bewegung, die durch ein Ungeheuer oder eine unmenschliche Handlung erregt wird, ist in der Betrachtung nicht weniger angenehm als die lustvolle, die ein fliessender Bach oder eine hohe Kuppel verursacht." *)

Die verschiedenen Modifikationen der lustvollen Bewegungen verspricht Home, in späteren Kapiteln: Vom Grossen und Erhabenen, vom Hohen und Niedrigen u. s. w. zu geben.

Die Bewegungen dauern nur so lange, als ihre Ursache wirkt. Doch sind sie auch hier nicht immer auf gleicher Höhe. Sie wachsen, erreichen einen Gipfelpunkt und nehmen dann wieder ab. Doch gilt dies mehr bei

---

*) ebend. Cap. II Teil II.

solchen, die mit einem Verlangen verbunden sind; hier liegt es im Wesen des Triebs, dass er, so lange er nicht befriedigt ist, sich immer steigert. Bei den eigentlichen Bewegungen tritt der Eindruck gleich in seiner ganzen Stärke auf und bleibt auf dieser Höhe. Bewegungen, die von fühllosen Gegenständen, von Bäumen, Flüssen, Gebäuden, Gemälden erregt werden, kommen fast in einem Augenblick zu ihrer Vollkommenheit und dauern lange. *)

Häufig sind mehrere Bewegungen gleichzeitig in der Seele. Sie sind dann daselbst, wie zwei Töne für's Ohr. Sind sie gleichartig, so gehen sie eine Verbindung ein und geben eine zusammengesetzte Bewegung. Sind sie ungleichartig, so erregen sie, wenn sie zusammen entstehen, Unlust, wie zwei verschiedenartige an sich angenehme Töne eine Disharmonie geben können. Doch brauchen die Bewegungen nicht in Hinsicht auf die Ursache und die Erregung im Subjekt völlig gleichartig zu sein, um bei einander existieren zu können. Haben sie z. B. eine Vereinigung in der gleichen Ursache, so schliessen sie einander nicht aus, selbst wenn sie im Subjekt ganz verschiedene Empfindungen entstehen lassen. Die leidende Geliebte, deren Schönheit und deren Leid den Liebenden erregt, wird so der Gegenstand eines süssen Leids, eines lustvollen Schmerzes, von dem die Dichter singen. Ebenso können Bewegungen, die völlig Verschiedenes zur Ursache haben, nebeneinander bestehen, wenn sie nur eine ähnliche Erregung im Subjekt hervorrufen. Ja gerade die Verschiedenheit der Ursachen bewirkt hier eine neue Quelle der Lust. Es ist die Lust an der Uebereinstimmung, der Harmonie der Empfindungen im Subjekt. Wir sehen eine schöne Gegend, es zwitschern die Vögel, die Blumen duften. „Nicht die

---

*) ebend. Teil III.

Anhäufung des Vergnügens aus so viel verschiedenen gleichartigen Bewegungen ist das, was uns am meisten ergötzt; die Empfindung der Harmonie, die aus der sanften Vermischung dieser Bewegungen in der Seele entsteht, ist noch viel reizender. Um diese Ergötzung in ihrer Vollkommenheit zu fühlen, kann die Ähnlichkeit zwischen den Bewegungen nicht zu stark und die Verbindung zwischen ihren Ursachen nicht zu schwach sein; das letztere, weil das Vergnügen der Harmonie aus Bewegungen entsteht, die zugleich mannigfaltig und gleichartig sind, die deutlich von einander unterschieden und doch in dem Eindruck auf die Seele genau mit einander vereinigt sind."

Völlig ungleichartige Bewegungen verursachen, wenn sie in uns gewaltsam zu gleicher Zeit erregt werden, Unlust; sie schwächen einander und beunruhigen uns jedenfalls. Alle Kunstwerke, in welchen in dieser Hinsicht gefehlt wird, können darum auch kein reines Vergnügen geben. Etwa, wenn Form und Inhalt im Widerspruch stehen, wie in Miltons Verlorenem Paradies die grauenhafte Schilderung der Sünde in den schönen Versen, oder wenn in einem Gemälde zwei sich widersprechende Motive zum Ausdruck kommen, wenn in einer Oper Bosheit und Tücke des Handelnden von Musik begleitet wird. Ebenso können ungleichartige Leidenschaften nicht nebeneinander in der Seele bestehen. Sie dürfen daher auch beim Dichter nur nacheinander zu Worte kommen, wie dies der Natur entspricht. *)

Soweit **) das Wesentliche aus dem zweiten Kapitel von Homes „Grundsätzen der Kritik", das von den „Bewegungen und Leidenschaften" handelt.

---

*) Cap. II Teil IV.
**) Die beiden letzten Teile dieses Kapitels bringen nichts, was die Ästhetik berührt.

Bei der Beurteilung desselben dürfen wir natürlich nicht das zum Massstab nehmen, was wir in einem solchen Kapitel suchen würden, sondern was uns Home zu geben versprochen. Er wollte einerseits ein Kriterium für den Kunstrichter, für den Beurteiler gewinnen. Der Gegenstand wird dem guten Geschmack entsprechen, dessen Eindruck der Natur des Menschen gemäss eine angenehme Bewegung in diesem hervorruft. Andererseits eine Regel für den Künstler. Dieser hat angenehme Bewegungen in uns hervorzurufen. Er wird also beim künstlerischen Schaffen dies Ziel stets vor Augen haben, und wenn er nun alle Bewegungen und Leidenschaften im Menschen, ihre Ursachen und ihr Verhältnis zu einander kennt, wird es ihm gelingen ein Werk zu schaffen, das durchgängig angenehme Bewegungen erregt, die durch keine unangenehme Bewegung getrübt werden. Da für Home jede Empfindung des Auges und des Ohres ästhetisch in Betracht kommt und damit alle möglichen Gefühle oder — wie er sagt — Bewegungen gegeben sind, so kann es nur seine Aufgabe sein, festzustellen, wie angenehme Bewegungen entstehen, die zusammengesetzten auf einfache zurückzuführen, die Bedingungen festzustellen, unter welchen verschiedenartige Bewegungen nebeneinander bestehen können u. s. f.

Trotzdem sind in diesem Kapitel mehrere Ansätze bemerkbar, das ästhetische Gefühl im engeren Sinne — wie wir es verstehen — näher zu bestimmen. Und die Richtung, in welcher dies geschieht, weist zunächst hin auf Kants Lehre vom interesselosen Wohlgefallen am Schönen. Der wichtigste und unbestrittene Gedanke dieser Lehre ist doch, dass die ästhetische Empfindung ganz eigener Art ist, sich von der angenehmen wesentlich dadurch unterscheidet, dass sie ruhiger, leidenschaftsloser ist. Ähnlich sahen wir Home zwischen den ruhigen Bewegungen unterscheiden und denen, welche Verlangen mit sich führen, und die Gegenstände dieser ruhigen Bewegungen alle dem Gebiet des eigentlich Ästhetischen entnehmen.*)

Wichtiger noch erscheint uns Homes Bemerkung, dass eine an sich angenehme Bewegung unlustvoll, eine unangenehme Bewegung lustvoll sein kann, wenn wir nämlich diese Bewegung nicht rein sinnlich in uns wirken lassen, sondern uns gleichsam auf einen höheren Standpunkt stellen. Dass diese Betrachtung nicht leicht hingeworfen, sondern für Home von weittragender Bedeutung ist, beweist der Umstand, dass sie ihm zur Lösung einer

---

*) Hettner a. a. O. Teil III Buch II S. 222, Teil I S. 417 schreibt Burke das Verdienst zu, die Lehre vom interesselosen Wohlgefallen vorbereitet zu haben. Ohne dass wir abwägen wollen, wieviel hiervon Home, wieviel Burke zuzuweisen ist, sei doch bemerkt, dass Hettner viel zu weit geht, wenn er meint, die Einsicht in das interesselose Wohlgefallen sei von Burke zur völligen Klarheit erhoben und in ihrer Tragweite gewürdigt worden, sodass die deutsche Ästhetik den gereiften Gedanken nur zu übernehmen brauchte. Der Unterschied zwischen der sinnlichen Liebe, welche mit einer Begierde verquickt ist und der Liebe zur Schönheit wird bei Burke nur nebenher berührt. (Phil. Unters. über das Schöne und Erhabene 1773 S. 142.) Und wenn Hettner „in dem Gedanken: die süssen Schauer der Erhabenheit weichen zurück, wo die Schrecken wirklicher Gefahr hereinbrechen, jene epochemachende Einsicht erblickt, dass in ästhetischen Dingen immer und überall nur die reine zweck- und leidenschaftslose Beschaulichkeit walte", so ist es von Interesse, hiermit Zimmermann (a. a. O. S. 262 f.) und Schasler (a. a. O. S. 305) zu vergleichen, welche gerade in der Erklärung des Erhabenen als einer Vorstellung des Schmerzes, ohne selbst im Zustand des Schmerzes zu sein, eine Auffassung sehen, die an Roheit nicht zu überbieten wäre. Dass die nächsten Zeitgenossen jedenfalls diesen Gedanken nicht aus Burke — ebensowenig freilich aus Home — herauslasen, geht auch aus Herder IV. Krit. Wäldch. II 1 (Hempel XX S. 426) hervor. Dieser, ein grosser Verehrer der englischen Ästhetik, verhöhnt hier die Definition, die Riedel im Gegensatz zu Home und Mendelssohn aufstellt: „Schön ist, was ohne interessierte Absicht gefällt und auch dann gefallen kann, wenn wir es nicht besitzen." — Über den Anteil ausserdeutscher Ästhetiker an der Lehre vom interesselosen Wohlgefallen vgl. man auch H. v. Stein: Entstehung der neueren Ästhetik Seite 189 ff., 202, 206.

wichtigen Frage dient, die ihn und seine Zeitgenossen
sehr beschäftigt hat, der Frage nämlich, wie es komme,
dass wir ein besonderes Vergnügen an traurigen Gegenständen haben, dass nicht nur in früherer Zeit die Römer
ein so lebendiges Interesse den Gladiatorenkämpfen entgegenbrachten, sondern noch heutzutage die Masse von
einer öffentlichen Hinrichtung so sehr angezogen wird
und dass selbst die auf hoher sittlicher Stufe Stehenden,
ja gerade diese, beim Anschauen einer Tragödie so intensive Lust empfinden. Diese beiden Probleme: das
Vergnügen an gewissen das Mitleid herausfordernden aber
aufregenden Ereignissen der Wirklichkeit und die Lust,
welche das tragische Schauspiel uns gewährt, werden hier
zusammengeworfen.

Home hat nun diesem Thema einen Essay gewidmet:
„Von unserem Vergnügen an traurigen Gegenständen"
und diesen an die Spitze seiner „Versuche über Moral
und natürliche Religion" gestellt. Er polemisiert hier
gegen Dubos. Dieser hatte darauf hingewiesen, dass in
dem Menschen ein intensives Bedürfnis nach Thätigkeit
herrsche, dass er weit mehr leidet, wenn er ohne Leidenschaften ist, als durch die unruhige Bewegung, in die ihn
diese versetzen. Jedes durch heftige Erregung verursachte
Schmerzgefühl ist daher ein vermischtes Gefühl, es enthält als Moment in sich auch ein Lustgefühl. Letzteres
kommt besonders zur Geltung bei den Empfindungen, die
durch die Werke der Kunst, vorzüglich durch die Tragödie hervorgerufen werden. Infolge der Erkenntnis, die
auch bei der aufs höchste getriebenen Illusion die herrschende bleibt, dass wir es nur mit dem Schein, nicht
mit der Wirklichkeit zu thun haben, wird das eigentliche
Schmerzgefühl auf ein Minimum reducirt und das Lustgefühl isoliert.*) Home macht gegen die ganze Theorie

---

*) Dubos Betrachtungen über Poesie und Malerei, deutsche
Ausgabe 1760, Seite 5 ff., 27 f.

geltend, dass dann der Grad des Lustgefühls mit der Heftigkeit der Erregung seitens des Schmerz verursachenden Gegenstandes zunehmen müsste. Je grässlicher und furchtbarer ein Anblick, desto grössere Lust müsste er uns gewähren, was der Erfahrung widerspräche. *)

Aber er möchte überhaupt nicht alle unsere Lustgefühle und alles Verlangen nach denselben auf der Selbstliebe bauen. Darauf käme es aber hinaus, wollten wir in unserer Neigung zu traurigen Gegenständen die Befriedigung eines Bedürfnisses sehen. Die Kategorieen „angenehm" und „unangenehm" decken sich durchaus nicht überall mit denen des Verlangens und der Abneigung. Wir haben in uns auch instinktiv wirkende Triebe, die unbekümmert um die Folgen sich bethätigen. Derart sind die sympathetischen Bewegungen, unsere Neigung, mitleidigen Erregungen nachzuhängen, das Streben des Bekümmerten, sich in seinen Kummer zu versenken.

Das heisst nun freilich, durch Annahme der berühmten Kraft mehr die Frage a limine abweisen als sie lösen. **) Home fügt daher noch hinzu, dass in jeder mitleidigen Erregung, wie sie durch traurige Gegenstände verursacht wird, ein Moment der Lust enthalten ist; wir fühlen, dass wir dadurch uns über den beschränkten Egoismus erheben. Der Gedanke daran, dass die Sympathie das Band der menschlichen Gesellschaft ist, „giebt uns das Bewusstsein

---

*) Dieser Einwand gilt nur hinsichtlich des Vergnügens, das wir an traurigen Gegenständen der Wirklichkeit haben, wie es die Freude der Römer an Gladiatorenkämpfen war. Inbezug auf das Vergnügen, das die tragischen Gegenstände der Kunst uns gewähren, wird in der That — so könnte Dubos antworten — das Schmerzvollere die grössere Lust gewähren, denn das eigentliche Schmerzgefühl wird von uns, weil wir es mit dem Schein zu thun haben, hier wie dort gleichsam abgezogen und übrig bleibt das stärkere Lustgefühl als Folge der stärkeren Erregung.

**) Ein Fehler, in den Home sehr häufig verfällt und der ihm schon von dem Übersetzer seiner Essays (Seite 24 a. a. O.) vorgeworfen wird.

von Regelmässigkeit und Ordnung und dass es recht und anständig ist, so zu leiden."

Das Bewusstsein von Regelmässigkeit und Ordnung das ist eben für Home ein Moment, das wohl in jedem ästhetischen Gefühl oder — wie er sagt — in jeder angenehmen Bewegung zu Tage tritt. Es ist nicht zufällig, dass gerade das erste Kapitel der „Grundsätze der Kritik", betitelt: „Von Empfindungen und Ideen, wie sie auf einander folgen" im wesentlichen den Gedanken ausführt, dass wir ein Gefühl für Ordnung haben, dass dies Gefühl sich überall geltend macht, wo es sich um Überblickung und Betrachtung der in Verhältnissen zu einander stehenden Dinge der Aussenwelt handelt. Wir werden von den mannigfachen Verhältnissen, durch die ein Ding mit so vielen anderen verknüpft ist, stets das wählen, welches am meisten der Ordnung entspricht.

Erinnern wir uns nun noch dessen, was Home in seinen Essays über die harmonische Anlage der Triebe sagt,*) nehmen wir endlich hinzu, dass er die Empfindung des wohlgefälligen Zusammenseins verschiedener Bewegungen sich ganz analog denkt der Empfindung, welche uns eine Harmonie von Tönen giebt,**) so könnten wir im Sinne Homes das ästhetische Gefühl etwa in folgender Weise näher bestimmen. Ich habe bei der betreffenden Wahrnehmung ein Gefühl der Lust und zwar ein ruhiges, leidenschaftsloses. Es hat gewisse Ähnlichkeit mit der sinnlichen Lustempfindung, welche uns harmonische Töne geben; zugleich enthält es als Moment in sich das intellektuelle Wohlgefallen, das mit dem Bewusstsein der in mir vorhandenen und gerade jetzt besonders zu Tage tretenden Ordnung und Regelmässigkeit verknüpft ist. Ob Home selbst freilich für jedes ästhetische Gefühl die Gesamtheit dieser Kriterien angewandt sehen wollte,

---

*) vgl. oben Seite 26.
**) vgl. oben Seite 38.

wird uns — besonders nach der Besprechung seiner einzelnen ästhetischen Grundbegriffe — zweifelhaft erscheinen.

Home will in seinem Kapitel „Über die Bewegungen etc." Grundsätze der Kritik geben, d. h. Regeln, nach welchen ein Kunstwerk beurteilt und geschaffen werden kann. Wodurch wird denn aber die Übereinstimmung zwischen dem Künstler und dem geniessenden Laien ermöglicht, dass diesem auch gefällt, was jener in gutem Glauben schafft, wodurch eine Übereinstimmung zwischen den Laien selbst? Die Natur des ästhetischen Urteils muss vor allem festgelegt werden. Es ist zum Vorteil des Werkes ausgefallen, dass Home sein eigentliches Programm, Grundsätze der Kritik zu geben, ganz ausser Acht lässt, das ästhetische Gefühl, wie wir sahen, empirisch beschreibt, anstatt über eine Frage zu reflektieren, für deren Lösung er zu geringe philosophische Begabung besass. Aber er besinnt sich doch zuletzt auf diese Frage und widmet ihr sein letztes Kapitel: „Von der Regel des Geschmacks."

Da für Kant die Bestimmung des ästhetischen Urteils im Mittelpunkt seiner Betrachtungen über die Ästhetik steht und eine Vergleichung seiner Ausführungen mit den entsprechenden bei Home nicht ohne Interesse ist, so sei hier zunächst Kants Standpunkt dargelegt.

Das Wohlgefallen am Schönen ist frei und uninteressiert, beruht nicht auf einer Beziehung des Objekts zu den Wünschen und Bestrebungen des Einzelnen, wie das beim Angenehmen der Fall ist, sondern auf dem Einklang des Verstandes und der Einbildungskraft, der bei jedem Wesen unserer Gattung bei dem gleichen Objekt in gleicher Weise vorauszusetzen ist. Von dem ästhetischen Urteil dürfen wir daher annehmen, es sei allgemeingültig. Fällen wir nun aber ein ästhetisches Urteil, dem ein Anderer seine Zustimmung versagt, und wir versuchen es, unser Urteil zu vertreten, so zeigt sich, dass wir ausser Stande sind, dem Anderen sein Unrecht nachzuweisen,

überzeugende Gründe für unsere Meinung anzuführen;
denn das ästhetische Urteil entspringt nicht aus Begriffen,
sodass wir es vor dem Gegner entwickeln und ihn zur
Anerkennung zwingen könnten. Die Allgemeingültigkeit
des ästhetischen Urteils ist daher in dem Sinne zu fassen,
dass sie eine subjektive ist. Wir sinnen unser Urteil
Jedem an, ohne dass wir es objektiv zu begründen ver-
möchten. Nur indem wir dem ästhetischen Urteil das
Prädikat der subjektiven Allgemeingültigkeit geben, ist
es auch möglich, den Widerstreit zu heben, der sich in
zwei diametral entgegenstehenden und scheinbar doch
gleich wahren Sätzen kundgiebt, die Autonomie des Geschmacks aufzulösen. Das eine Mal behaupten wir mit
Recht: Jeder hat seinen eigenen Geschmack, das Geschmacks-
urteil lässt sich nicht durch Beweise entscheiden, es gründet
sich also nicht auf Begriffen; das andere Mal: „Über
den Geschmack lässt sich streiten, d. h. wir können auf
die notwendige Übereinstimmung Anderer mit unserem
Urteil Anspruch machen, es gründet sich also auf Begriffen. Wir müssen eben den „Begriff" im zweiten
Satze nicht als einen solchen fassen, der uns zur Erkenntnis des Objekts verhilft, sondern als einen, der ge-
gründet ist auf dem Übersinnlichen im Menschen, als
einen unbestimmten und unbestimmbaren Begriff. Oder
mit anderen Worten: Von der thatsächlichen „subjektiven Allgemeingültigkeit" des ästhetischen Urteils ist im
ersten Satz das Moment des Subjektiven, im zweiten das
der Allgemeingültigkeit einseitig ins Auge gefasst.

Was von den Antinomieen der reinen Vernunft behauptet worden ist, dass ihre Aufstellung von grösserer
Tragweite war als ihre Auflösung, das gilt auch von der
Antinomie des Geschmacks. Kants „subjektive Allgemeingültigkeit" ist vielfach bestritten worden;*) von nach-

---

*) Lotze: Geschichte d. Ästhetik in Deutschland S. 53. Hart-
mann: Die deutsche Ästhetik seit Kant S. 8.

haltiger Wirkung aber war, dass die Frage nach der Allgemeingültigkeit des ästhetischen Urteils eingehend beleuchtet und letzten Endes verneint wurde. Die Gefahr des Dogmatismus war hier nicht so gross, wie in der Metaphysik; dass sie aber nicht ausgeschlossen, hatte Kant an seinen Vorgängern erfahren. Glaubte nicht Hogarth in seiner Schlangenlinie einen objektiven Massstab gefunden zu haben, als brauche man jetzt nur jedes schöne Objekt darauf anzusehen, ob die Schlangenlinie in ihm zum Ausdruck komme, um dann seine Schönheit apodiktisch annehmen oder verwerfen zu können?! War nicht die deutsche Ästhetik durch die Annahme von der sinnlichen Vorstellung einer Vollkommenheit auf dem besten Wege, zu der Ansicht zu gelangen, man könne die Schönheit an jedem Objekt begrifflich vordemonstrieren?!

Hören wir nun, wie Home diese Frage behandelt, so springt die Ähnlichkeit in die Augen. Bei der ganzen Anlage der „Kritik der Urteilskraft", die so völlig den beiden anderen „Kritiken" entspricht, war es für Kant selbstverständlich, dass sich ihm auch hier eine Antinomie ergeben musste. Dieser Abschnitt ist demnach ein so integrierender Teil seines Systems, dass es völlig verfehlt wäre, hier von einem Einfluss Homes auf den grossen Denker zu sprechen. Wir wollen jedoch den Inhalt des erwähnten Kapitels ausführlich geben, damit die Verwandtschaft recht klar zu Tage trete.*)

Dass man über den Geschmack nicht streiten muss, so beginnt Home, den Geschmack in seiner weitläufigen Bedeutung genommen, ist ein Satz, der so allgemein angenommen ist, dass er zu einem Sprüchwort geworden. Es kann demnach keinen Grund zu einem Tadel wider

---

*) Die Einleitung bei Burke: „Von dem Geschmack", welche ähnliche Gedanken enthält, ist ein Zusatz zur fünften Ausgabe seines Buches, fällt also später als das Erscheinen von Homes Werk.

einen Menschen geben, wenn ein solcher Mensch existiert, dem Blackmore*) besser gefällt als Homer. Und in der That scheint es nicht eigensinnig und vielleicht thöricht, zu behaupten, dass ein Mensch **nicht** ergetzt sein **muss**, wenn er es wirklich ist, oder dass er ergetzt sein **muss**, wenn er es nicht ist?! Aber andererseits widerspricht einer solch allgemeinen Geltung des Sprüchworts unsere Empfindung. Was soll man besonders bei der Schwierigkeit sagen, die aus der menschlichen Natur selbst entspringt? Reden wir nicht von einem guten und schlechten, von einem richtigen und unrichtigen Geschmack? Und tadeln wir nicht, indem wir diesen Unterschied voraussetzen, mit grosser Zuversicht Skribenten, Maler, Baukünstler, überhaupt jeden, der in den schönen Künsten arbeitet? Sind solche Kritiken abgeschmackt und ohne Grund? Haben die oben angezeigten Ausdrücke, die bei allen Völkern und in allen Sprachen gebräuchlich sind, gar keine Bedeutung? Dieser Widerspruch ist so zu lösen, dass über die feineren Nüancen des Schönen in gleicher Weise wie über die des Angenehmen ein jeder allerdings mit Recht seinen eigenen Geschmack vertreten kann, dass über die verschiedenen Glieder gleichsam einer Rangstufe eine Einigung nicht zu erzielen ist. Hier besteht das Sprüchwort zu Fug und Recht. Doch für die grossen, durch einen gewissen Abstand von einander getrennten Gruppen des Schönen muss es andrerseits eine Regel des Geschmacks geben. Doch ist diese keine objektive, sondern nur eine subjektive, aus unserem Gefühl sich ergebende. Wir haben nämlich ein Gefühl von einer gemeinschaftlichen Natur nicht nur in unserer Gattung, sondern auch in jeder Gattung der Tiere. Was besonders die gemeinschaftliche Natur des Menschen betrifft, so haben wir eine Überzeugung, dass sie sowohl unveränderlich als allgemein ist, dass sie künftig dieselbe sein wird,

---

*) ein englischer Epiker zu Homes Zeit.

wie sie jetzt ist, dieselbe bei allen Nationen und in allen Teilen der Erde. Und wir sind so eingerichtet, dass wir uns diese gemeinschaftliche Natur nicht nur als unveränderlich, sondern auch als vollkommen oder recht vorstellen. Diese Überzeugung nun von einer gemeinschaftlichen Natur und von ihrer Richtigkeit giebt uns einen deutlichen Grund des Begriffs, den wir von einem richtigen und einem unrichtigen Gefühl oder Geschmack in den schönen Künsten haben. Ein Mensch, der allgemein angenehme Gegenstände verwirft und sich an allgemein unangenehmen Gegenständen ergötzt, wird als ein Ungeheuer angesehen; wir missbilligen seinen Geschmack als schlecht oder unrichtig, weil wir einen deutlichen Begriff haben, dass er von der gemeinschaftlichen Natur abweicht. Wir sehen es, ganz allgemein gesprochen, immer als ausgemacht an, dass unsere Meinungen mit den gemeinschaftlichen Ideen des Menschengeschlechts übereinstimmen und betrachten daher diejenigen, die entgegengesetzte Meinungen haben, mit Verdruss, nicht insofern sie von uns, sondern sofern sie von der gemeinschaftlichen Regel abgehen.

Wie ist nun aber diese Regel des Geschmacks zu bestimmen? Die Geschichte zeigt uns, dass der Geschmack in den schönen Künsten trotz alledem ein wandelbarer ist. Derjenige Geschmack wird der richtige sein, der unter feineren Nationen am allgemeinsten und dauerhaftesten ist. Ist dies doch schliesslich auch der einzige Weg, eine Regel der Sitten zu bestimmen;*) denn auch die Anschauungen über Moral gehen bei den verschiedenen Völkern und in verschiedenen Zeiten soweit auseinander. Mit dieser letzten Bemerkung Homes würde Kant freilich sehr wenig einverstanden sein. Doch diesen

---

*) Wenigstens für unser Verhalten im Einzelnen. Als allgemeine Regel hatte Home ja aufgestellt, die Harmonie aller Triebe, die der Anlage nach in uns gegeben, wiederherzustellen. Vgl. oben Seite 26.

Gegensatz zwischen Home und Kant inbezug auf das Verhältnis des Guten und Schönen haben wir schon oben *) feststellen können. **)

---

*) Seite 25 f.
**) H. von Stein a. a. O. Seite 210 f. fasst den Inhalt des ebenbesprochenen Kapitels bei Home so auf, als ob dieser das Schöne inhaltlich bestimmen, eine Beschreibung des ästhetischen Gefühls statt einer Erörterung über des ästhetische Urteil geben wolle. „In jedem Menschen klingt bei gewissen Eindrücken etwas an, was ihn mit jedem anderen Menschen verbindet; solche Eindrücke heissen schön. Nicht etwa: das Schöne muss allgemeingiltig wirken: was eine anderweite Bestimmung des Schönen voraussetzen würde. Sondern, weil etwas allgemeinmenschlich ist, deshalb ist es schön." Dieser Gedanke ist nach unseren bisherigen Ausführungen zweifellos im Sinne Homes. In diesem Kapitel, das die Gültigkeit des ästhetischen Urteils abstrakt erörtert, kommt er jedoch nicht zum Ausdruck.

Die ästhetischen Grundbegriffe.

In dem dritten Kapitel seiner „Grundsätze der Kritik" handelt Home über die Schönheit. Er versteht hier unter dem Schönen nur das Schöne im engern Sinn, das sich als Eigenschaft des Objekts dem Auge darbietet. Wir werden hier also keine Aufklärung erwarten über die specifischen Merkmale der Objekte der ästhetischen Empfindung im Allgemeinen. Aber auch für das, was die schönen Objekte des Gesichtssinns zu schönen macht, fehlt es Home an einer allgemeinen Bestimmung. Die Schönheit ist ihm eine Eigenschaft neben anderen Eigenschaften eines Körpers, man erfährt nicht, woher sie in den Körper kommt, ebensowenig, wodurch sie wirkt. Die Schönheit in den Gegenständen soll meist zusammengesetzt sein aus verschiedenen Schönheiten. Solcher zählt er eine Reihe auf. Schönheit der Farbe, der Figur, der Grösse, der Bewegung. Die Schönheit der Figur entspringt wiederum, wenn man sie als ein Ganzes betrachtet, aus der Regelmässigkeit und Einfalt. Werden die Teile derselben nach ihren Verhältnissen gegen einander betrachtet, so tragen noch Einförmigkeit*) richtiges Verhältnis und Ordnung zu seiner Schönheit bei. Über alle diese Momente hören wir nun zum Teil recht treffende Bemerkungen. Er preist die Bedeutung der Simplicität für die

---

*) uniformity; „Einförmigkeit" hat bei uns einen tadelnden Nebensinn. Gemeint ist eine wohlgefällige Gleichheit der Teile, wie beim gleichseitigen Dreieck, beim Quadrat u. s. f.

Sitte und die Kunst, rühmt von den Alten, dass sie in ihrer Blütezeit die Einfalt bethätigt haben, beklagt das Schicksal der schönen Künste, dass sie nach und nach von der Einfalt in verwickelte Formen und verschwenderische Zierraten fallen*) und wendet sich in scharfen Worten gegen die Verirrungen der Franzosen, „die an die geschminkten Wangen ihrer Frauen gewöhnt, die bescheidene Farbe der Natur, die sich über ein schönes Gesicht verbreitet, für ganz abgeschmackt halten." Er zeigt, wie unsere Natur einerseits für die Einförmigkeit, andererseits für Mannigfaltigkeit empfänglich ist, wie beide, zu weit getrieben, unangenehm berühren und ihre beste Wirkung erzielen, wenn sie in rechter Mischung sich vereinigen, und in lebendiger Schilderung entwirft er ein Bild von all' den Schönheiten in der Natur, welche nur auf der geschickten Verschlingung und Verbindung von Einförmigkeit und Mannigfaltigkeit beruhen.**) Die Schönheit der Mannigfaltigkeit wird erhöht, wenn die Teile in gewisser Ordnung sich aneinander reihen. Hiermit in Verbindung steht die Thatsache, dass die grösste Mannigfaltigkeit in den Phantasiegebilden unserer Träumereien, wenn Bilder des Gedächtnisses in bunter Fülle an unserem inneren Auge vorüberziehen, niemals so ermüdend wirkt, wie wenn verschiedene Gegenstände der Wirklichkeit in schneller Folge unserem leiblichen Auge vorgeführt werden. Dort entsteht ein Bild aus dem anderen. Die Ideen unseres Gedächtnisses bilden eine stetige Reihe, jede hat mit der anderen eine natürliche Verbindung. Hier besteht das Verhältnis und die Verbindung womöglich nur in einem Nebeneinander im Raum. In gleicher Weise wird die Schönheit der Einförmigkeit erhöht durch die Schönheit der Ordnung. Ein gleichseitiges Dreieck ist ebenso einförmig, wie ein Quadrat;

---

*) Von einem Einfluss Homes auf Winckelmann kann schon aus chronologischen Gründen nicht die Rede sein.

**) Anhang zum IX. Cap. S. 438 ff.

trotzdem ist es weniger schön, weil die Stellung seiner Teile dunkler, die Stellung der Winkel nicht eine so klare und vollkommene ist, wie sie sich durch die Parallelstellung der Seiten des Quadrats ergiebt.

Zimmermann*) macht hier mit Recht auf Homes Verdienst aufmerksam, dass er erkannt habe, wie die Schönheit eines Gegenstandes nur eine Kombination vieler einzelner Schönheiten sei, wie die Schönheit nicht in einer einzigen privilegierten Eigenschaft bestehe, sondern in einer verschiedenen Eigenschaften gemeinschaftlichen subjektiven Wirkung. Aber man erwartet hier gerade von Home, er werde aus der Natur des Subjekts und aus seinen Beschaffenheiten den Grund dafür ableiten, dass die angegebenen Momente, wie Regelmässigkeit, Einförmigkeit u. s. w. mit Wohlgefallen verbunden sind. Er macht auch dazu einen Ansatz: „Wir dürfen nicht ausser Acht lassen, dass Regelmässigkeit, Ordnung und Simplicität, jedes für sich die Vorstellung von einer Sache sehr erleichtert und uns in den Stand setzt, von Gegenständen, bei denen wir sie finden, uns deutlichere Bilder zu machen als wir uns von andern Gegenständen, die diese Beschaffenheiten nicht haben, mit der äussersten Aufmerksamkeit machen können."**) Leider tritt diese wichtige Bemerkung bei ihm völlig zurück hinter geradezu seltsamen teleologischen Gesichtspunkten. „Das Wahrscheinlichste, was man darüber sagen kann, ist vielleicht, dass der Mensch ursprünglich mit einem Geschmacke für diese Beschaffenheiten zur Erreichung weiser und guter Absichten geschaffen worden. So viel ist augenscheinlich, dass unser Geschmack an oben angezeigten Stücken viel dazu beiträgt, die Gegenstände um uns her angenehmer für uns zu machen, welches also natürlicher Weise unsere Glückseligkeit befördert. Dass aber die Beabsichtigung

---
*) a. a. O. S. 246.
**) G. d. K. S 273.

dieses Zwecks kein Gegenstand sei, den der Urheber unserer Natur für seine Vorsorge zu klein achte, dafür hat er uns sehr sichtbare Beweise gegeben."*)

Die bisher besprochene Schönheit nennt Home nun die eigene Schönheit. Dieser stellt er gegenüber die „Schönheit des Verhältnisses" (relative beauty), eine Schönheit, welche entsteht, wenn wir den Zweck des in Frage stehenden schönen Gegenstandes berücksichtigen. „Die Schönheit des Verhältnisses ist in Dingen, insofern sie als Mittel zu irgend einem guten Endzweck betrachtet werden."**) Die eigene Schönheit muss sich oft der Verhältnisschönheit unterordnen. Formen, die noch so schön sind, müssen geopfert werden, wenn sie dem Zweck, welchem der Gegenstand dienen soll, widersprechen. Dies Prinzip kommt besonders in der Architektur zur Geltung. So ist die korinthische Säule ein Zeichen eines sehr entarteten Geschmacks. Denn ein Korb, um den sich Blätter und Zweige von Pflanzen schlingen, mag an sich wunderschön aussehen, aber als Kapitäl einer Säule, die ein grosses Gebäude stützen soll, erscheint nichts unschicklicher als ein Korb oder auch das stärkste Gefäss.***)

Wir haben schon oben hervorgehoben, dass nach Home auch die Verhältnisschönheit uns als eine Eigenschaft, haftend an dem Objekte, erscheint, dass wir sie durch den Gesichtssinn wahrzunehmen glauben. „Die

---

*) ebend.

**) Wir begnügen uns der an dieser Stelle ganz unangebrachten seitenlangen Polemik Zimmermanns (a. a. O. S. 231 ff.) gegenüber auf Schasler (a. a. O. S. 1198 Kritischer Anhang No. 156) zu verweisen. Es fällt Home hier gar nicht ein, wie Zimmermann das voraussetzt, unter dem Verhältnis irgend eine Beziehung zu Form und Mass zu verstehen. Schaslers Bemerkung: „Wenn Zimmermann bei Home hier einen Widerspruch sieht, so ist das nur dadurch möglich, dass er ihn erst hineingetragen hat," ist daher nur zu unterschreiben.

***) G. d. K. Teil III. S. 374.

Schönheit der Wirkung wird durch einen leichten Uebergang der Ideen auf die Ursache versetzt und als eine ihrer Eigenschaften wahrgenommen. So wird uns ein Gegenstand, dem eigene Schönheit mangelt, durch seine Nutzbarkeit schön." Die Beispiele, die er für die Verhältnisschönheit giebt, sind freilich zum Teil geschmacklos, und wir wollen doch nicht versäumen, den Satz zu citieren, der Home so oft mit Recht entgegengehalten worden ist: „Ein alter gothischer Turm, der keine Schönheit an sich selbst hat, scheint uns schön, wenn wir ihn als eine gute Schutzwehr gegen den Feind betrachten."

Dass die Bestimmungen Homes betreffs der eigenen und Verhältnisschönheit sich nicht mit Kants „freier" und „anhängender Schönheit" decken, ist klar. Dass Homes Ausführungen aber trotzdem Kant bei dieser seiner Unterscheidung vorgeschwebt, ist kaum zu bezweifeln. Abgesehen von dem rein äusserlichen, dass Kants Beispiel von der Beschränkung der freien Schönheit durch die anhängende in jedem Gebäude auf Home zurückweist,*) ist Begriff und Bezeichnung von Kants anhängender Schönheit die gleiche wie bei Homes Verhältnisschönheit. Hier wie dort müssen wir bei Betrachtung dieser Schönheit den Begriff des Gegenstandes hinzudenken, sie „wird, als einem Begriffe anhängend, Objekten, die unter dem Begriffe eines besonderen Zweckes stehen, beigelegt". Noch deutlicher vielleicht tritt uns Homes freie und Verhältnisschönheit in Fechners „direktem" und „associativem Faktor" entgegen. Wie dort die eigene Schönheit mit der Regelmässigkeit, Einförmigkeit, Grösse, Farbe u. s. w. gegeben sind, so hier der direkte Faktor mit den einfachen Formen und Farben; und wie die Verhältnisschönheit nur durch die Berücksichtigung des Zwecks entsteht, so entspringt der associative Faktor durch das Auftauchen

---

*) Vgl. Kritik der Urteilskraft (Kehrbach) S. 77 mit G. d. K. III, S. 341.

von Vorstellungen, die sich für uns an den Gegenstand knüpfen und die doch zumeist Vorstellungen der Nützlichkeit sind, uns sagen, was der Gegenstand uns gewesen ist oder uns werden kann. Und wie nach Fechner der associirte Eindruck nur dann zur ästhetischen Empfindung wird, wenn er eben veranlasst wird durch den sinnlichen Eindruck und sich mit diesem verbindet, wie Fechner jenen eine geistige Farbe nennt, die zur sinnlichen gleichsam hinzutritt,*) und stets davon spricht, dass wir all die Associationen in den Gegenstand hineinsehen, so erklärt auch Home: Die beiden Schönheiten vereinigen sich in dem einen Hauptpunkt, dass man sie beide als dem Gegenstand wirklich verbunden und zugehörig wahrnimmt.

Einen Gegensatz von „absoluter" und „relativer" Schönheit finden wir allerdings schon bei Hutcheson. Hier bezeichnet er aber mehr den Unterschied zwischen Natur- und Kunstschönheit. Die absolute Schönheit ist nach ihm in den Gegenständen selbst, die relative entsteht durch die Ähnlichkeit der Nachahmung.**) Also auch hier ist die relative Schönheit eine solche, bei der wir denkend vergleichen müssen, freilich nicht nach der Richtung hin, ob der Gegenstand seinem Zwecke entspricht, sondern ob das Urbild im Abbild deutlich zu Tage tritt. Wenn Home auch seinerseits von Hutcheson angeregt sein mag, die Schönheit überhaupt in solche zwei Gattungen zu scheiden, so ist doch andererseits ersichtlich, dass seine Verhältnisschönheit etwas ganz anderes bedeutet als Hutchesons relative Schönheit und der anhängenden Kants viel näher steht. Schwieriger ist Homes Urheberschaft auf diese Begriffe schon zu entscheiden im Hinblick auf Hogarth. Im elften Hauptstück seiner „Zergliederung der Schönheit"***) stellt dieser, „zwei zur Form

---

*) Fechner, Vorschule der Ästhetik. I, S. 89.
**) „Untersuchungen über den Ursprung unserer Ideen des Schönen und Guten" deutsch 1762 S. 18.
***) Deutsch von Mylius 1754 S. 35 ff.

gehörige Hauptbegriffe auf. Der eine ist der, welcher nur die Oberfläche der Form in sich fasst und diese in keiner andern Absicht zeigt, als bloss insofern sie zierlich ist oder nicht. Den andern haben wir gewöhnlich in der ganzen Form; er entsteht hauptsächlich aus der Richtigkeit zu einem gewissen abgezielten Vorhaben oder Gebrauch." ... „Die Massen der Formen sind zu einer oder der anderen Absicht zusammengepasst, und so gelangen wir dahin, ein Urteil von einem gehörigen Verhältnis zu fällen, welches ein Teil der Schönheit fürs Gemüt, wenn auch nicht allzeit fürs Auge ist." Die Ähnlichkeit mit Homes Ausführungen ist augenscheinlich. Die Entscheidung über die Abhängigkeit Homes von Hogarth müssen wir jedoch der weiter unten folgenden Besprechung über das Verhältnis Homes zu Hogarth und Burke im Allgemeinen vorbehalten.

Home wirft am Schluss noch die — wie er selbst sagt — seltsame Frage auf, ob die Schönheit zu den primären oder sekundären Qualitäten zu rechnen sei. In Ansehung der Schönheit der Farbe sei das leicht zu beantworten: wenn die Farbe eine scheinbare Eigenschaft sei, so muss das auch von ihrer Schönheit gelten. Desgleichen ist die Schönheit des Nützlichen offenbar nichts anderes als eine Vorstellung in der Seele. Verwickelter wird die Sache bei der Schönheit der Regelmässigkeit, da diese ja eine Folge primärer Qualitäten, von Ausdehnung und Solidität ist. Home entscheidet aber trotzdem in dem Sinne, dass die Schönheit in keinem Falle, welcher es auch sein mag, zu einer wirklichen Eigenschaft der Körper werde, da die Schönheit ohne denjenigen, der sie sich vorstellt, gar nicht gedacht werden kann, denn man sagt aus keinem anderen Grunde, dass ein Gegenstand schön ist, als weil er dem Zuschauer schön vorkommt.*)

---

*) Windelband (Ersch und Gruber, Sect. II B. 32 unter Kames) meint, die Schönheit sei für Home gewissermassen eine tertiäre Qua-

Wir wollen hier einige Bemerkungen Homes, die mit dem letztbesprochenen Kapitel in Zusammenhang stehen, einfügen.*)

Ein richtiges Verhältnis in den Teilen ist besonders in der Architektur Quelle des ästhetischen Wohlgefallens. Aber es ist ein grosser Irrtum, hier ein ganz bestimmtes Verhältnis als das allein wohlgefällige anzunehmen. Denn abgesehen davon, dass die Lehrer der Baukunst, welche die Notwendigkeit bestimmter Verhältnisse behaupten, gleichwohl in den Bestimmungen derselben weit auseinandergehen, ist ein solch bestimmtes Verhältnis, wie es z. B. bei gewissen wohlgefälligen Tönen zu Tage tritt, bei der Beschaffenheit des Gesichtssinnes als Ursache des Wohlgefallens völlig ausgeschlossen. Erscheinen uns doch die Gegenstände in verschiedener Entfernung immer unter etwas anderen Verhältnissen. Das wohlgefällige Verhältnis wird sich also zwischen gewissen Grenzen bewegen.**) Freude an der Harmonie ist darum doch Quelle dieses Wohlgefallens, denn es kommt nur auf den Einklang der Bewegungen an, welche die Teile, jeder für sich, in uns erregen. Die Bewegungen müssen einerseits verschieden, andererseits gleichartig sein, sodass sie zu einer verschmelzen können. Ist aber eine Säule z. B. im Verhältnis zur Breite viel zu hoch, so wird neben der Bewegung des Kleinen in uns die Bewegung des Grossen hervorgerufen, welche beide einer Vermischung nicht fähig sind und dadurch ein unangenehmes Gefühl in uns erregen.***)

Der Gedanke, dass das ästhetische Wohlgefallen nicht zum mindesten darauf beruht, dass der Gegenstand den

---

lität. Das könnte man höchstens inbezug auf die Schönheit der Farbe in Home angedeutet finden.

*) Wir entnehmen sie zum grössten Teil dem 24. Cap.: „Vom Gartenbau und der Architektur".

**) Vgl. Fechner a. a. O. I S. 184, 186.

***) G. d. K. III S. 348 ff.

Eindruck des Gefesteten und Gesicherten macht, begegnet uns an folgender Stelle: Für Gebäude von jeder Art ist es eine Regel, die der Nutzen vorschreibt, dass sie fest und dauerhaft sein müssen; und eine andere Regel, welche die Schönheit vorschreibt, ist diese, dass sie auch dem Auge so scheinen müssen; denn jedes Ding, das wankend und in Gefahr scheint, herabzufallen, erregt in dem Zuschauer die verdriessliche Bewegung der Furcht statt der ergötzenden Bewegung der Schönheit und demzufolge muss der Künstler vorzüglich besorgt sein, dass jeder Teil des Gebäudes wohl gestützt erscheine. Der Einfall des Erbauers der Sophienkirche in Konstantinopel, der einen Teil des Gebäudes so angelegt, dass er hängend erscheint, als müsse er jeden Augenblick herabfallen, damit er Furcht und Verwunderung errege, ist eine Art falscher Witz in der Architektur, in den sich die Menschen während der Kindheit der Kunst verlieben konnten.*)

Die Kunst giebt nur den Schein; und dieser Schein muss konsequent festgehalten und nicht durch Vermischung mit der Wirklichkeit wieder aufgehoben werden: Eine Statue des Moses, der in einen Felsen schlägt, aus welchem Wasser springt, zeugt von einem falschen Geschmack; denn er vermischt das Wirkliche mit der Vorstellung. Moses selbst kann Wasser aus dem Felsen schlagen, aber das Wunder ist zu gross für seine Statue. Eben dieser Einwurf gilt auch gegen einen Wasserfall, wo wir die Statue eines Wassergottes wirkliches Wasser aus einer Urne giessen sehen.**)

Eine ähnliche Verirrung ist die Vereinigung allegorischer Gestalten mit den Gestalten der Wirklichkeit in der Malerei und in der Plastik. Die Allegorie ist überhaupt mit grosser Vorsicht zu brauchen, auch in der Dichtung. Es giebt in der Litteratur nur wenig wirklich

---

*) G. d. K. III S. 374 f.
**) ebend. S. 377.

durchgeführte und gelungene Allegorieen, wie z. B. die vom Weinberg in den Psalmen und bei Jesajah und die vom Staatsschiff bei Horaz; denn die Gefahr der Unklarheit und Unverständlichkeit ist überaus gross. Aber die Allegorie mit wirklichen Dingen zu mischen, macht ein jämmerliches Gemenge von Erdichtung und Wahrheit. In den Skulpturen auf Antonius Säule in Rom wird der Regen, der durch das Gebet einer christlichen Legion erhalten worden, mit einem Jupiter Pluvius neben einer Gruppe Soldaten angezeigt, von dessen Kopf und Bart eine Menge Wasser fliesst. Auch das Gemälde von Rubens ist zu verwerfen, das die Ankunft der Maria von Medici zu Marseilles vorstellt, wo neben den wirklichen Personen die Nereiden und Tritonen erscheinen, die auf ihren Muscheln blasen.*) Und frostig und unerträglich ist darum Voltaires ganze Henriade, in welcher Personen, noch dazu der jüngsten Vergangenheit, mit allegorischen Gestalten verkehren.**) Etwas ganz anderes ist eine solche Darstellung, wenn es sich um Begebenheiten des Altertums handelt. Hier sind die Götter, die Tritonen u. s. w. Wesen von Fleisch und Blut, für die Umgebung, in die sie versetzt sind, Gestalten der Wirklichkeit.***)

Als eine Verirrung ist es auch zu bezeichnen, wenn Statuen lebender Wesen als Träger schwerer Lasten verwandt werden, wenn Statuen von Fischen z. B. ein Wasserbecken stützen. Der Zuschauer muss es doch unangenehm empfinden, dass einem fühlenden Geschöpf eine solche Last auferlegt wird.†) — Viel Treffliches enthalten

---

*) G. d. K. III S. 142 f., 126, 129, 375.

**) Voltaire hat sich für die scharfe Kritik, die ihm überall seitens Homes zu Teil wird, durch giftige Briefe und Bemerkungen in seinen Schriften gerächt; vgl. Tytler II Appendix S. 82 ff. Dass es die Sache Lessings ist, welche Home gegen Voltaire vertritt, wird sich aus dem ganzen dritten Teil unserer Abhandlung ergeben.

***) G. d. K. III S. 264.

†) ebend. S. 377.

auch seine Bemerkungen zum Kunsthandwerk, doch das Angeführte mag genügen.

Wenig erfreulich wäre nach diesem nun die Besprechung dessen, was uns Home für die Erklärung anderer ästhetischer Grundbegriffe gegeben. Er hat recht ausführlich gehaltene Kapitel „über das Grosse und Erhabene", „von lächerlichen Gegenständen", „vom Belachenswerten", „von Würde und Anmut"*) „vom Witz" u. s. w., doch ist nichts Wichtiges aus denselben hervorzuheben. Sie bieten ein breites Feld für etwaige Angriffe. Doch würden wir nach der ausführlichen kritischen Besprechung bei Zimmermann nichts neues geben können, und es kann nicht unsere Aufgabe sein, auf die triviale Behandlung des Erhabenen z. B., in welcher er einen grossen Rückschritt gegen Burke bedeutet, hier näher einzugehen. Aber unwillkürlich drängt sich uns die Frage auf, wie denn nach den grundlegenden Ausführungen Burkes über den Gegensatz des Schönen und Erhabenen ein solches Kapitel vom Grossen und Erhabenen, wie es uns Home giebt, überhaupt möglich war. Einige Worte daher über

---

*) Hettner a. a. O. Teil II S. 142 und Teil III Buch II S. 223 hält den Einfluss Homes auf Mendelssohn dadurch erwiesen, dass, während der erste Abdruck der Betrachtungen „über das Erhabene und Naive" in der Bibliothek der schönen Wissenschaften kein Wort über den Begriff der Anmut, der Grazie, und des Reizes enthält, die neue Bearbeitung in den „philosophischen Schriften" (1771) jene von Home aufgestellte Erklärung als „Schönheit in Bewegung" einschiebt. Kanngiesser in seiner Monographie „Mendelssohns Stellung in der Ästhetik" adoptiert diese Behauptung ohne weiteres. Es ist dagegen zu bemerken, dass der Reiz als „Schönheit in Bewegung" schon in Mendelssohns „Briefen über die Empfindung" eine Rolle spielt (vgl. Philos. Schriften 1761 I S. 93); ferner, dass eine Vergleichung der beiden Auflagen der philosophischen Schriften vom Jahre 1761 und 1771 — diese allein aber kommen in Betracht und nicht die Fassung der Abhandlung in der Bibliothek der schönen Wissenschaften, denn Homes Grundsätze der Kritik erschienen erst 1762 — keine Zusätze und Veränderungen im Sinne Hettners enthalten.

die Beziehungen Homes zu Hogarth und Burke. Zimmermann sowohl wie Schasler lassen in ihrer Geschichte der Ästhetik Home, obwohl dessen Werk ein Jahrzehnt nach demjenigen Hogarths und fünf nach dem Burkes erschien, diesen beiden Ästhetikern vorangehen. Insofern hierdurch ein Urteil über den geringeren Wert von Homes gesamter Ästhetik im Verhältnis zu den Arbeiten dieser beiden Vorgänger ausgesprochen sein sollte, ist dies nach dem Bisherigen, besonders aber, wenn wir seine Kunstlehre berücksichtigen, nicht ohne weiteres zuzugestehen. Soll aber damit gesagt sein, dass die Einordnung Homes im Verhältnis zu Hogarth und Burke gleichgültig ist, da er doch an keiner Stelle durch diese beiden beeinflusst erscheint, so ist das nur völlig anzuerkennen. Wir behaupten geradezu, Home habe die Werke Hogarths und Burkes nicht gelesen.*) Ein absichtliches Ignorieren würde gerade hier von einem Unverstand und Hochmut zeugen, den wir Home nicht zutrauen dürfen. Von einem Ästhetiker jener Zeit können wir unmöglich voraussetzen, dass er nach der Lektüre des Hogarthschen Werkes noch behauptet, der Kreis gefalle darum besser als das Quadrat, weil er einfacher sei, ohne ein Wort für eine gewisse andere, zum mindesten doch plausible, Erklärung zu haben,**)

---

*) Home scheint sich schon längere Zeit mit seinen Elements of criticism getragen zu haben; vielleicht waren sie in den Grundzügen schon fertig, ehe diese Werke herauskamen. Dafür sprechen mehrere Briefe an Franklin und Stanley (Tytler I 272): und im September 1738, also fast fünfundzwanzig Jahre vor dem Erscheinen der Elements handelt ein Briefwechsel zwischen ihm und Hamilton von demselben Thema, das gleich im Beginn seines Werkes zur Sprache kommt, von dem Mangel einer klaren Disposition in Horazens Oden. (Tytler I S. 65 f.)

**) G. d. K. S. 275 — H. v. Stein a. a. O. S. 204 behauptet gerade auf Grund dieser Stelle eine Abhängigkeit Homes von Hogarth. „Darauf kommt es an, welche Bewegungen des Blickes und Gemütes ein Gegenstand veranlasst. Der Kreis ist schöner als das Viereck, weil das Auge dem runden Umriss leichter folgt. Home hat hier

oder gar nach der Lektüre Burkes keine andere Definition für das Gefühl des Erhabenen werde zu geben wissen, als dass es eine Bewegung sei, welche die Seele erhebt. Wir finden auch sonst in dem ganzen Werke Homes keine Spur, die unbedingt auf eine Benutzung jener Arbeiten hinwiese, bis auf die obenerwähnte Ähnlichkeit in der Unterscheidung der beiden Gattungen der Schönheit, welche jedoch, wie wir gesehen, beiderseits aus Hutcheson entlehnt sein kann.*)

---

von Hogarth gelernt, der ebenfalls auf die angenehme Art des Verfolgens mit dem Blicke die Schönheit seiner gewundenen Linien begründete." Wir haben für die Form des Citats sowie für die Folgerung, die v. Stein aus demselben zieht, nicht den geringsten Anhaltspunkt in Homes Werk finden können.

*) Es sei an dieser Stelle gestattet, unsere obige Behauptung von der flüchtigen Behandlungsweise der ausserdeutschen Ästhetiker durch Schasler mit einem Beispiel zu belegen. Er polemisiert (a. a. O. S. 308, ferner S. 1198 Krit. Anh. zu No. 167) gegen Zimmermanns Anordnung der sensualistischen Ästhetiker. Die Umstellung Hogarths vor Burke bringe Verwirrung hinein; dem chronologischen Verhältnis, nach welchem Hogarth hinter Burke zu stellen sei, entspreche auch eine begriffliche Konsequenz (wofür er jedoch nicht den geringsten Beweis erbringt.) Nun erschien aber Hogarths Werk nicht, wie Schasler behauptet, 1763, sondern um mehr als ein Jahrzehnt früher, denn die deutsche Uebersetzung von Mylius mit der Vorrede Lessings ist schon aus dem Jahre 1754, während Burkes Werk 1756/57 herauskam. Auch wird Hogarth von Burke citiert und seine Theorie besprochen. Er nennt (Phil. Unters. über das Schöne und Erhabene S. 189 f.) des Ersteren Schönheitslinie eine willkommene Unterstützung seiner Behauptung von der „stufenweisen Abwechselung" (vgl. weiter unten) als einem Moment beim Schönen. Überhaupt dürfte umgekehrt Burke mit einem Teil seiner Bestimmungen vom Schönen und Erhabenen in Hogarth wurzeln. Unter den Momenten des Schönen, die dieser aufzählt: Richtigkeit, Mannigfaltigkeit, Gleichförmigkeit, Einfachheit, Verwickelung, Grösse, spielt die Verwickelung die Hauptrolle, denn sie ist es, an der wir uns in der Wellen- und Schlangenlinie erfreuen. Das Vergnügen daran entspringt aber aus der Liebe zum Verfolgen da, wo wir Hindernisse, Abweichungen und Schwierigkeiten haben. „Bei den Formen, die aus dem, was ich die Wellen- und Schlangenlinie nenne, zusammen-

gesetzt sind, (d. h. nach Hogarth bei allen eigentlich schönen Formen) folgt das Auge mit einem Hauptstrahl allen Windungen und Linien." So geben denn letztere dem Auge selbst Bewegung und „ergötzen es dadurch mehr oder weniger je nach Beschaffenheit ihrer verschiedenen Gestaltungen und Bewegungen." (Hogarth a. a. O. S. 8, 10) Hier haben wir in dem Werke Hogarths die einzige Stelle, wo der Versuch gemacht wird, das apodiktisch behauptete Wohlgefallen an der Schönheitslinie zu begründen. Diese Begründung ist nur eine physiologische, aber umsomehr kann sie als der Ausgangspunkt der Burkeschen Theorie genommen werden, die doch das Vergnügen am Schönen und Erhabenen zunächst auch auf einem physischen Lust- und Schmerzgefühl gründet. Ein Merkmal seines Schönen ist, wie schon erwähnt, die stufenweise Abwechslung, „die Abänderung der Oberfläche, die verführerischen Irrgänge, durch welche das unstete Auge sanft fortgleitet." (a. a. O. S. 189) Und das Sichtbar-Grosse ist ihm darum erhaben, weil das Auge mit der grössten Schnelligkeit den weiten Raum solcher Körper durchlaufen muss und also die feineren Nerven und Muskeln, die zu dieser Bewegung bestimmt sind, sehr ausgedehnt und durch diese Ausdehnung allzusehr afficiert werden (S. 226).

Die Kunstlehre.

So schwach und dürftig nun auch die theoretische Grundlage in Homes Werk erscheinen mag, so treffend und tüchtig ist seine Kunstlehre. Diese ist im wesentlichen Poetik. Die Musik wird bei ihm gar nicht, Skulptur und Malerei überaus wenig berücksichtigt. Seine Kraft reichte offenbar nicht aus, seine Kenntnisse sind auf dem Gebiete der bildenden Künste zu gering. So ist sein Werk in dieser Beziehung ein Seitenstück zu demjenigen Baumgartens. Doch während dieser würdige Gelehrte bei all' seinem Fleisse nur Unbedeutendes bietet, gelingt es Home, wenn auch nicht immer mit genügender Schärfe, uns für die Dauer wertvolle Bestimmungen zu geben. Er dankt das freilich auch seinem feingebildeten, sicheren Geschmack, vor allem aber dem Umstand, dass es ein Shakespeare ist, aus dem er fast alle seine Lehren abstrahiert. So wird es uns nicht Wunder nehmen, wenn — wie sich im Folgenden zeigen wird — die Ergebnisse der Lessingschen Dramaturgie zum grossen Teil in Homes Bemerkungen sich wiederfinden.

Das durchaus aphoristische in Homes „Grundsätzen der Kritik" tritt hier — in der Poetik — noch störender zu Tage. Erörterungen im Zusammenhang erhalten wir nur in dem Kapitel „Von epischen und dramatischen Werken" und in dem: „von den drei Einheiten." Die Frage nach dem Mass der geschichtlichen Treue, das der

Dichter zu wahren habe, wird mit manchen anderen in dem rein psychologischen Teil des Werkes abgehandelt. Wir werden uns aus den überall hin zerstreuten Bemerkungen seine Theorien zusammenstellen müssen.

Epische und dramatische Werke scheidet er zunächst rein äusserlich nach der Art, wie sie menschliche Handlungen nachahmen: „die epische Poesie erzählt, die Tragödie stellt ihre Begebenheiten so vor, wie sie vor unseren Augen vorgehen."*) Aber die Wirkungen, die diesem formalen Unterschied entspringen, hält er für keineswegs gering; „Denn was wir selbst sehen macht einen stärkeren Eindruck als was wir von Anderen hören. ... Das Gespräch macht einen tieferen Eindruck als die Erzählung, weil im ersteren die Personen ihre Gesinnungen selbst ausdrücken, die wir in der letzteren erst durch einen Dritten erfahren." Und wenn auch viele Subjekte mit gleichem Vorteil nach beiden Formen behandelt werden können, so „eignet sich doch der Dialog besser zum Ausdruck der Empfindungen, die Erzählung besser zur Entwickelung der Begebenheiten.**)

Hier haben wir den Versuch, den formalen Unterschied der beiden Dichtungsarten aus ihrem beiderseitigen Wesen abzuleiten; die Tragödie ist eine vollkommenere Gattung, denn ihre Wirkung ist tiefer und auch weitgehender. Sie gewährt uns einen schärferen Blick in das Herz des Helden als die epische Dichtung. Möglich wird dies aber nur durch ihre specifische Form.

Lessing behandelt dieselbe Frage. Er glaubt in der Aristoteschen Definition der Tragödie den Zusammenhang von Form und Wesen gegeben. „Die Tragödie, sagt Aristoteles, ist die Nachahmung einer Handlung, die nicht vermittelst der Erzählung sondern vermittelst des Mitleids und der Furcht die Reinigung dieser Leidenschaften be-

---

*) cf. Aristoteles Poetik c. III § 1.
**) G. d. K. Teil III S. 238 f., 244.

wirkt." Der sonderbare Gegensatz zwischen den beiden Ausdrücken „vermittelst der Erzählung" und „vermittelst des Mitleids und der Furcht" ist nur dann kein fehlerhafter Sprung und als kurze Ausdrucksweise zu rechtfertigen, wenn die Erregung von Mitleid und Furcht durchaus geknüpft ist an die dramatische Form und einfach für diesen Ausdruck eingesetzt werden kann. Dies ist auch wirklich der Fall! Ein längst vergangenes oder in der Zukunft bevorstehendes Übel können wir nicht so stark bemitleiden als ein anwesendes. Die Handlung, die Mitleid erregen soll, muss daher als gegenwärtig, d. h. in der dramatischen Form dargestellt werden.*)

Die Bestimmung Lessings ist tiefer. Sie bringt die Form mit dem eigentlichen Wesen der Tragödie, ihrer Aufgabe in Verbindung. Andrerseits müssen uns Homes Bemerkungen als eine Ergänzung willkommen sein. Wenn die Handlung in der Tragödie als gegenwärtiges Übel Mitleid erregt, so ist diese Gegenwärtigkeit der Handlung doch nur Illusion. Diese kann aber in der Erzählung, wie wir an anderer Stelle schon gehört, auf gleiche Höhe gebracht werden. Ja das Vergangene muss sogar immer als „ideale Gegenwart" d. h. als lebhaftes Phantasiegebilde durch die Kunst des Erzählers vor uns erscheinen, soll das Mitleid nicht gleich durch die Erwägung unterdrückt werden, dass die Personen eben jetzt längst nicht mehr leiden. Wenn nun doch die Helden der Tragödie in so weit höherem Masse Mitleid und Furcht erwecken sollen als die des Epos, sollen die Affekte, wie Lessing ausführt, etwas qualitativ anderes, erst das eigentliche Mitleid werden, so ist es, weil sie — wie Home das zeigt — vermöge des Dialogs, des persönlichen Ausdrucks ihrer Empfindungen uns in ihrem ganzen Wesen näher gebracht werden und darum einer grösseren Teilnahme sicher sind. Einen ferneren Vorzug hat die Erklärung Homes vor der

---

*) Hamb. Dram. Stück 71.

Lessings voraus, indem bei diesem die dramatische Form für das Lustspiel unwesentlich bleibt.*) Nach Home bringt auch hier die dramatische Form, insofern diese den Dialog erst möglich macht, vermittelst derselben uns die Empfindungen der Personen und ihren Charakter näher als es die Erzählung vermöchte; und Darstellung des Charakters ist ja Endzweck des Lustspiels.

Die Erörterungen über das Princip der Tragödie, ihre eigentliche Bestimmung, knüpfen sich bis in unsere Zeit hinein an die Auslegung der Aristotelischen Definition. Bekannt ist die epochemachende Deutung Lessings. Die Tragödie bewirkt vermittelst des Mitleids und der Furcht die Reinigung dieser und dergleichen Leidenschaften. Mitleid und Furcht müssen eng miteinander verbunden die Wirkungen der Tragödie sein; denn das Mitleid als Affekt ist nur möglich, wo wir auch für uns fürchten, und die wahre Furcht ist nur da gegeben, wo wir vermöge des Mitleids uns mit dem Mitmenschen identificieren, in seine Lage uns versetzen. Gereinigt werden nur diese und dergleichen Leidenschaften, weil nur sie hier erregt werden. Sie werden gereinigt d. h. diese Affekte werden zu Fertigkeiten im Sinne des Aristoteles ausgebildet, zu Affekten, die eine gewisse Mitte zwischen zwei gleich verwerflichen Extremen einnehmen. Und diese Mitte wird hervorgerufen dadurch, dass die mitleid- und furchterregenden Begebenheiten der Tragödie ebenfalls in der Stufenfolge aller möglichen die richtige Mitte einnehmen, dass sie als Bild des allgemeinen Menschenschicksals würdig sind unseres Mitleids und unserer Furcht. Aus diesen Bestimmungen ergeben sich auch die Grenzen für die Wahl der tragischen Helden. Er darf kein vollkommener Bösewicht sein; denn nur ein Mann, der mit uns aus gleichem Schrot und Korn ist, erregt die tragische Furcht.

---

*) Diesen Mangel in der Erklärung Lessings hebt auch Schasler a. a. O. S. 465 hervor.

Ebensowenig darf er ein Musterbild von Tugend sein; die Leiden eines vollkommen Unschuldigen erscheinen uns grässlich; denn, wenn wir auch über das Unbegreifliche der Wirklichkeit uns mit dem Bewusstsein von den Schranken der menschlichen Erkenntnis beruhigen, so soll doch der Dichter uns in seinem Gebilde ein Ganzes geben, einen verständlichen Schattenriss von dem Weltganzen und den in ihm wirkenden Gesetzen.*)

Home bedeutet in der Geschichte der Erklärungen der Aristotelischen Definition einen Fortschritt in der Richtung auf Lessing. Er teilt zunächst die Tragödie ein — dies Einteilungsprincip gilt ihm aber auch für das Epos — in eine pathetische und moralische. Erstere will nur Leidenschaften erregen und Gemälde von Tugenden und Lastern geben, letztere setzt noch eine gewisse moralische Wahrheit in ein starkes Licht, indem sie die natürliche Verbindung zwischen unordentlichen Leidenschaften und äusserlichen Unglücksfällen zeigt. Die moralische Tragödie hat aber auch einen grösseren Wirkungskreis als die pathetische inbezug auf die Erregung der Leidenschaften. „Wenn ein Unglück eine natürliche Folge von irgend einem üblen Hange des Temperaments ist, so wird jeder Zuschauer aufmerksam darauf, der sich eines ähnlichen Fehlers an sich bewusst ist, und es wird ihm bange, dass er vielleicht eben demselben Unglück blossstehe. Diese Bewegung der Furcht und des Schreckens ist es, wenn sie in verschiedenen moralischen Tragödien oft erneuert wird, die den Zuschauer gegen die Unordnungen der Leidenschaft auf der Hut sein lässt. Die Ausleger des Aristoteles und andere Kunstrichter sind in grosser Verlegenheit über dasjenige, was dieser Philosoph von der Tragödie sagt: „dass sie vermittelst des Mitleids und des Schreckens alle Gattungen der Leidenschaften in uns reinige." Niemand aber, der einen deutlichen Begriff von

---
*) Hamb. Dram. Stück 74 ff.

dem Endzweck und den Wirkungen einer guten Tragödie hat, kann über die Meinung des Aristoteles im Zweifel sein. Unser Mitleid wird für die vorgestellten Personen erregt, das Schrecken betrifft uns selbst. Das Mitleid wird hier für alle sympathetischen Bewegungen genommen, weil es die vornehmste unter ihnen ist. Dass unsere sympathetischen Bewegungen durch tägliche Übung gereinigt oder gebessert werden, ist eben gesagt worden."*)

Mit Aristoteles will er dann den Helden der moralischen Tragödie weder in einem hohen Grade tugendhaft noch in einem hohen Grade lasterhaft wissen, und das Unglück soll bei ihm nicht Folge eines vorsätzlichen Verbrechens sondern irgend eines „unfreiwilligen" Fehlers sein. Die Aristotelische Definition erscheint ihm nur zu eng, indem sie die pathetische Tragödie, welche nicht die tragische Furcht erregt, ausschliesst. Er möchte sie aber um so weniger missen, als in ihr das Mitleid zu einer Höhe gebracht werden kann, wie sie in der moralischen Tragödie unmöglich ist, durch die Darstellung der Leiden eines vollkommen Guten. Freilich müssen diese Leiden aus notwendigen Ursachen, aus einer Folge unvermeidlicher Umstände entspringen. Alles Ungefähre, wie wenn z. B. in Romeo und Julia die traurige Katastrophe dadurch verursacht wird, dass der Mönch einen Augenblick zu spät zum Grabe kommt, giebt immer einen „finsteren Prospekt", der Zuschauer wird geneigt sein zu sagen: das sollte nicht sein. „Eine zusammenhängende Folge von Wirkungen und Ursachen, die durch allgemeine Gesetze der Natur bestimmt sind, erinnert uns jedesmal an die Hand der Vorsehung, der wir uns ohne Widerwillen unterwerfen, weil dies unsere Pflicht ist."**)

Kehren wir nun zu Lessing zurück, so tritt die Verschiedenheit besonders im letzten Punkte deutlich hervor.

---

*) G. d. K. III. S. 246 f.
**) ebend. S. 250.

Nicht so ganz gläubig wie Home, in dem, seiner ganzen
Gesinnung entsprechend, die Überzeugung von den immer
und überall waltenden Endzwecken überaus lebendig ist,
sodass er sie auch bei dem Zuschauer voraussetzt, leugnet
Lessing die Unterwerfung desselben unter den Willen der
Vorsehung beim Anblick unverdienter, schrecklicher Ver-
hängnisse und mögen sie auch einmal wirklich geschehen,
also sicherlich die notwendige Folge einer Ursache sein.
Unterwerfung kann uns nur die kalte Vernunft lehren.
Was hier erregt wird, ist der Jammer, dem Murren wider
die Vorsehung sich zugesellt und Verzweiflung von weitem
nachschleicht.*) Für die Auslegung der aristotelischen
Definition mag Home ihn jedoch positiv gefördert haben.
Allerdings bleibt dieser an der Oberfläche.**) Für τὴν τῶν
τοιούτων παθημάτων κάθαρσιν hat er die Reinigung aller
Leidenschaften. Mitleid und Furcht sind ihm nicht durcheinander bedingt. Das Mitleid übernimmt die Reinigung
der sympathetischen Bewegungen, die Furcht die aller andern
Leidenschaften. Und wenn die Tragödie nach ihm auch
immer Mitleid und Furcht zusammen erregen soll, so hebt
er selbst das auf durch die Einschränkung dieser Bestimmung auf die moralische Tragödie und die Zulassung
der pathetischen.***) Für die Erklärung der aristotelischen
Definition war es aber von besonderer Wichtigkeit, dass
Home im Gegensatz zu den französischen Kunstrichtern
hervorhob, wie Aristoteles Mitleid und Furcht beide vereinigt in der von ihm definierten Tragödie erregt wissen
will. Dies ist auch der Punkt, an dem Lessings Be-

---

*) Hamb. Dram. Stück 79.
**) Dies sei gegen Zimmermann a. a. O. S. 96 f. hervorgehoben.
***) Die Einführung der pathetischen Tragödie neben der mora-
lischen bleibt doch insofern von Wert als damit (ganz mit Lessing
Hamb. Dram. St. 12) die Einschärfung einer Moral als Endzweck
einer jeden Tragödie geläugnet wurde, so sehr der Moralist Home
sich auch von diesem Nutzen bei der moralischen Tragödie erbaut
zeigt.

handlung dieser ganzen Frage einsetzt. Der Richard III.
des Leipziger Weiss erregt kein Mitleid, nur Schrecken.
Die Tragödie soll aber Furcht erwecken d. h. den Affekt,
der eng verbunden mit dem Mitleid und eine Folge
desselben ist.

Wie Lessing in diesem Punkte die Schreckenstragödien
Corneilles im Auge hat, so ist die ganze Hamburgische
Dramaturgie im Wesentlichen eine Streitschrift gegen den
französischen Klassicismus. Dieser, als die höchste Vollen-
dung des Dramas noch immer bewundert und nachgeahmt,
soll in seiner ganzen Bedeutungslosigkeit gezeigt werden
gegenüber den Werken Shakespeares und der Alten. In
der Hauptsache richten sich nun Lessings Angriffe gegen
die von den Franzosen aufgestellte Theorie des Dramas.
In der aristotelischen Poetik wollte Corneille seinen Leit-
stern bei Abfassung seiner Dramen gesehen haben: aus
eben derselben wies ihm Lessing nach, dass er den
Aristoteles missverstanden und folglich seine Tragödien
nach einem völlig falschen Princip aufgebaut seien. Doch
derjenige, der nicht mit Lessing an den Aristoteles wie
an die Elemente des Euklid glaubte, brauchte dies „folglich" nicht anzuerkennen. Mochten die Werke des Corneille auch immerhin statt Furcht und Mitleid bald Bewunderung, bald Schrecken erregen, sie konnten doch
Meisterwerke sein. Dass sie dies nicht sind, dass sie nicht
Werke des Genies sondern des witzigen Kopfes seien,
wurde weit glücklicher dem Leser zu Gemüte geführt
durch den Hinweis auf die innere Unwahrheit, auf die
Unnatur des französischen Klassicismus. Durch ihre Naturwahrheit standen Shakespeare und die Alten im Gegensatz zu den Franzosen. Dies war der Berührungspunkt,
durch den die so kühne und von der Ästhetik unserer
Zeit auch zurückgewiesene bedingungslose Zusammenstellung
Shakespeares mit den Alten einen Schein der Berechtigung
erhielt. Und so sehen wir denn auch Lessing, nicht gerade
im Zusammenhang, aber an einer ganzen Reihe von Stellen

auf das Flache und Kalte, das Anständige im Sinne des bloss äusserlich Glänzenden, das Einförmige und Gezwungene, das rein Rhetorische in der französischen Tragödie hinweisen und dieser das durchaus Ursprüngliche, durch individuelle Ausprägung aller Personen von Lebenswahrheit Erfüllte in Shakespeare gegenüberstellen.

Lessing steht in diesem Kampfe gegen den Klassicismus nicht vereinzelt da. In Frankreich beginnt Diderot seine Laufbahn als Kritiker mit einem satirischen Roman gegen das Ansehen der verehrten Muster und seine späteren Abhandlungen weisen immer wieder darauf hin, dass Naturwahrheit allein von der Kunst zu erstreben sei. In England ist Home unter die ersten Kämpfer für die Befreiung vom französischen Joche zu zählen.*) Denn im Vaterlande Shakespeares war die altenglische Tragödie durch die Nachwirkungen der Restaurationszeit allmählich von dem sogenannten regelmässigen Drama im französischen Geschmack verdrängt worden,**) und der grösste Dramatiker der Neuzeit zur Zeit Homes so verkannt, dass der bedeutendste englische Kritiker des achtzehnten Jahrhunderts Samuel Johnson ihn um seiner Unregelmässigkeit willen unter Addison stellt.***) In wie hohem Ansehen Corneille und Racine selbst bei Home stehen, ersehen wir aus dem behutsamen Ausdruck, in welchem dieser seine Angriffe kleidet.†) Aber das hinderte ihn nicht, mit aller Schärfe die beiden im Kampfe gegen den Klassicismus so wichtigen Sätze hervorzuheben: Naturwahrheit auch in den kleinsten Zügen ist die erste Bedingung für ein Meisterwerk, und der genialste Dramatiker ist darum Shakespeare.

Naturwahr oder, wie Home sagt, eine treuliche Kopie der Natur müssen nicht nur die dargestellten Charaktere,

---

*) Wie auch Hettner a. a. O. Teil 1 S. 143 bemerkt.
**) Hettner ebd. S. 101, 251.
***) ebend. 450.
†) G. d. K II. S. 166, 244.

sondern auch die Leidenschaften sein. Wie der Maler die Bewegungen der Muskeln genau kennt, so muss der Dichter auch in die Beschaffenheit der Gemütsbewegungen genau eindringen, will er die verschiedenen Verfassungen der Seele richtig schildern. „Ein allgemeiner Begriff von Leidenschaften unter ihren gröberen Verschiedenheiten ist bei weitem nicht zureichend." In verschiedenen Charakteren wird dieselbe Leidenschaft eine verschiedene Färbung erhalten. Doch neben dieser genauen Kenntnis der feinen Unterschiede in jeder einzelnen Leidenschaft, muss der Dichter auch die Fähigkeit besitzen, die dargestellte Leidenschaft in den „Gesinnungen", in den ausgesprochenen Gedanken der handelnden Personen uns vorzuführen. Sollen wir ein richtiges Bild der Leidenschaft erhalten, so müssen die Gesinnungen ein getreuer Spiegel der dargestellten Leidenschaft sein. Es darf nicht nur kein Gedanke in Widerspruch stehen mit der Leidenschaft, welche die handelnde Person gerade beherrscht, sondern alle Gedanken, welche sie vorbringt, müssen der Ausdruck dieser Leidenschaft sein, in ihrer Reihenfolge genau den einzelnen Stadien derselben entsprechen. Shakespeare ist hierin musterhaft, Corneille wird dieser Forderung fast nie gerecht. Man vergleiche nur den neunten Auftritt im fünften Akt des Othello mit dem dritten Auftritt des letzten Aktes im Cinna. Othello erfährt, nachdem er Desdemona ermordet, wie furchtbar er von Jago hintergangen wurde. Der Sturm der Gefühle, der sich in ihm erhebt, erhält den adäquaten Ausdruck durch das Hin und Her der Gedanken, wenn er bald voll Verzweiflung und Reue auf sich alle Schuld wälzt, bald in Trauer versunken um Desdemona klagt, jetzt in unbezähmbare Wut gegen Jago ausbricht, um dann wieder verzweiflungsvoll seiner Gattin zu gedenken. In Cinna erhält Amalia, die nach der Verschwörung nur Folter und Tod zu erwarten hätte, grossmütig Vergebung vom Kaiser. Erstaunen und Dankbarkeit müssten sie zunächst sprachlos machen. Sobald die Worte Luft bekommen, müssten die ersten Ausdrücke verstümmelt und unterbrochen sein. Dann hätten wir einen Strom vermischter Gesinnungen zu erwarten, der durch die wankende Bewegung der Seele zwischen den beiden Leidenschaften verursacht wird. Statt dessen beschreibt sie mit äusserstem Kaltsinn ihren eigenen Zustand, als wenn sie eine blosse Zuschauerin wäre; oder der Dichter übernimmt vielmehr selbst die Arbeit für sie.

Die Leidenschaften beschreiben, anstatt sie durch die Gesinnungen der handelnden Personen uns vorzuführen, selbst in eigener Person deklamieren, anstatt dem Helden den echten Ausdruck der Leidenschaft in den Mund zu legen, das ist überhaupt französischen Dramatikern eigen. Es gehört aber für den Dichter nur ein sehr niedriger Schwung der Einbildungskraft dazu, sich so in einen Zuschauer zu verwandeln, dass er sich die Handlung auf eine gewisse dunkle Weise als gegenwärtig vorstellt und von dieser Vorstellung aus die Handlung und die Leidenschaft bloss beschreibt. Das Genie dagegen nimmt selbst den völligen Charakter und die Leidenschaft der Person an, die es auf den Schauplatz bringt. Es vermag sich so sehr in den Zustand eines Anderen zu versetzen, dass es die verschiedenen Wirkungen der Leidenschaft richtig und deutlich fühlt. Daher kommen ihm auch die Gesinnungen der Personen ohne die geringste Mühe, ohne dass es darauf denkt, ja es wird nicht minder durch ihre Neuheit überrascht als nachher der Leser.*)

Was Home über das Naturgemässe, das in der Sprache der Leidenschaft vom Dichter zu wahren ist, sagt, seine ausführliche Würdigung Shakespeares, die er giebt, seine Bemerkungen über den Monolog sind überaus treffend. Wir verweisen einfach auf das ganze siebzehnte Kapitel seiner „Grundsätze der Kritik", das sich betitelt: Von der Sprache der Leidenschaften.

---

*) Besonders Cap. XVI.

Die Verwandtschaft aller bisherigen Ausführungen mit dem Lessingschen Gedankenkreis steht für den Kenner der Hamburgischen Dramaturgie ausser Zweifel. In den meisten der besprochenen Punkte glaubt man Lessing selbst zu hören. Trotzdem können wir von einem wesentlichen Einfluss auf Lessing nicht gut reden. Die Abneigung gegen den französischen Klassicismus hat Lessing nach seinem eigenen Geständnis*) vorzüglich aus Diderot gewonnen, und die Grösse Shakespeares hatte Lessing schon in den Litteraturbriefen**) hervorgehoben. Doch in der Wirkung auf die deutsche Kunstanschauung wird Homes Bedeutung nicht zu unterschätzen sein. Musste es nicht einen eigentümlichen Eindruck machen, dass sich auch in dem dritten Kulturland eine laute Stimme gegen den Klassicismus erhob? Freilich bleibt Home bei der Forderung des Naturwahren im Sinne des Naturwirklichen stehen und erhebt sich nicht zu der positiven Bestimmung Lessings über die Verbindung eines allgemeinen idealen Inhalts mit dem Naturwahren. Doch zunächst galt es das Niederreissen des Alten und für die Sturm- und Drangperiode, die Vorstufe unserer klassischen Epoche, war Homes Werk von Einfluss. Höher noch ist dieser Einfluss für die Einführung Shakespeares in Deutschland anzuschlagen.

Im Jahre 1773 erschien Herders Aufsatz in den Blättern von deutscher Art und Kunst und Göthes Götz von Berlichingen. Wie epochemachend diese beiden Werke, das eine eine theoretische, das andere eine praktische Verherrlichung Shakespeares geworden, ist bekannt. Diese gewaltigen Wirkungen aus dem Jahre 1773 wollen irgendwie vorbereitet sein, und sie erscheinen uns schier unerklärlich, wenn wir bedenken, dass nur ein Jahrzehnt liegt zwischen der gröblichsten Verkennung des grossen englischen

---

*) L.-M. VI. 357.
**) Brief XVII.

Dichters*) und der bis zur Shakespearomanie ausartenden gläubigen Verehrung seines Genies. Zu diesen Wirkungen müssen natürlich eine Reihe von Momenten gewirkt haben. Zweifellos Lessings Kritik und Wielands Übersetzung, aber nicht minder das Werk von Home. Von besonderer Wichtigkeit mussten auch die so zahlreich eingestreuten Beispiele in Homes Werk sein, die er überall, wo es sich um feine, naturwahre Zeichnung des Seelenlebens handelt, aus Shakespeares Dramen wählt. Und so wäre die Bedeutung des Homeschen Werkes für jene Zeit nicht zu gering anzuschlagen, wenn es auch nur den Wert einer „Sammlung ausgewählter Scenen aus Shakespeare" hätte.**)

---

*) Vgl. Koberstein Vermischte Aufsätze: Das allmähliche Bekanntwerden Shakespeares in Deutschland u. s. w.
**) Über Home als Vorgänger Lessings in der Frage der drei Einheiten vgl. Zimmermann a. a. O. S. 248.